Wie kommt die Sohle an den Turnschuh?

Wie kommt die Sohle an den Turnschuh?

So entstehen Dinge, die wir täglich brauchen

Text von Bill Slavin und Jim Slavin

Illustrationen von Bill Slavin

Deutsch von Wolfgang Hensel

Bill Slavin und Jim Slavin (Text)
Bill Slavin (Bilder)
Wie kommt die Sohle an den Turnschuh?
So entstehen Dinge, die wir täglich brauchen
Aus dem kanadischen Englisch von Wolfgang Hensel

Text © Bill Slavin and Jim Slavin
Illustrationen © Bill Slavin
Lektorat der Originalausgabe: Valerie Wyatt und Kathy Vanderlinden
Gestaltung: Esperança Melo und Marie Bartholomew
First published as *Transformed: How Everyday Things Are Made*
by Kids Can Press Ltd., Toronto, Ontario, Canada
German edition published by permission of Kids Can Press Ltd.

© der deutschsprachigen Ausgabe 2011
Premio Verlag GmbH, Münster
Verlag an der ESTE GmbH, Buxtehude
Alle Rechte vorbehalten.
Printed in Italy
ISBN 978-3-867-061-300

Über dieses Buch

Der Text und das Layout für dieses Buch sind auf einem Computer entstanden. Auch die Zeichnungen mussten zunächst mit einem Scanner erfasst und in den Computer übertragen werden. Aus den digitalen Daten hat der Computer Filme für den Vierfarbendruck auf den Druckmaschinen errechnet. Eine riesige Maschine hat das Buch gedruckt – im Handumdrehen Hunderte von Seiten. Wieder andere Maschinen haben die Seiten sortiert und zu Büchern gebunden …

Wenn du eine moderne Fabrik besichtigst, wirst du nur eine Menge Maschinen sehen, die von Computern gesteuert werden. Sie surren und brummen und am Ende kommt ein fertiges Produkt heraus. Als ich die Idee zu diesem Buch hatte, wusste ich noch nicht, wie ich die einzelnen Schritte eines Arbeitsprozesses darstellen sollte. Doch schon bald wurde mir klar, dass auch in den kompliziertesten Maschinen dieselben Schritte ablaufen wie früher: Rohmaterialien werden in ein Endprodukt verwandelt. Also habe ich mich darauf konzentriert, nur die wichtigen Arbeitsschritte zu zeigen.

Ich habe mich bemüht, Produkte auszuwählen, die in jedem Haushalt vorhanden oder doch bestens bekannt sind: Massenprodukte, wie Turnschuhe statt von einem Schuster gefertigte Maßschuhe; Brot aus der Fabrik statt Brot vom Bäcker. Bei manchen Produkten muss man wissen, wie eine bestimmte Maschine funktioniert, dort wird die Arbeitsweise erklärt. Dafür habe ich die zahlreichen Öfen, Mixer und anderen Geräte weggelassen, die in fast jeder Fabrik stehen.

Das letzte Kapitel – »Rohstoffe« – ist besonders wichtig: Hier stelle ich die Rohstoffe vor, aus denen viele der Dinge in diesem Buch hergestellt werden.

Ich hoffe, es ist mir gelungen, den Weg vom Tier, der Pflanze oder dem Mineral bis zum Endprodukt verständlich zu erklären.

Die Bilder für dieses Buch sind übrigens mit denselben Mitteln gemalt worden, die Künstler schon seit Hunderten von Jahren kennen: Ich hatte einen Zeichentisch aus Holz, Papier aus Baumwolle, Wasserfarben und eine Tuschefeder.

Bill Slavin

Inhalt

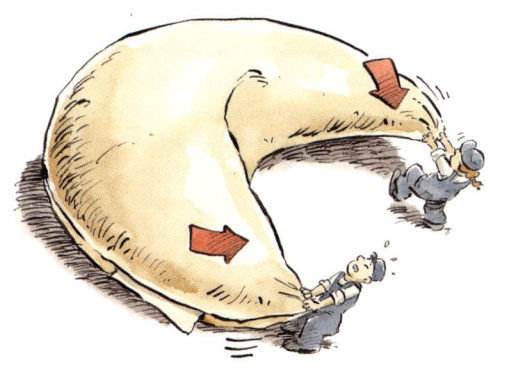

Einleitung

Wir leben in einer Welt voller Geheimnisse. Vermutlich weißt auch du nur wenig über die Dinge, mit denen du täglich zu tun hast.

Nehmen wir einen ganz normalen Tag: Am Morgen ziehst du deine Bluejeans über (Wie wurden sie hergestellt und warum sind sie blau?). In der Schule kickst du mit deinen Freunden einen Fußball hin und her (Wie kommt es, dass der so schön rund ist?). Am Nachmittag hörst du eine CD (Wie kommt die Musik auf die CD?).

Das war vor einigen Jahrhunderten noch völlig anders. Jedes normale Kind des 17. Jahrhunderts wusste eine Menge über Kleider, Essen und Spielzeuge, denn es konnte täglich dabei zusehen, wie sie hergestellt wurden. In einem Dorf auf dem Land stellte jeder fast alles selbst her. Eine Familie baute eigene Nahrung an und die Mutter spann Wolle zu Garn für die Kleider. Die Spielzeuge bestanden aus Holz und Draht.

Seit die ersten Menschen die Erde besiedeln, haben sie ihre Fantasie benutzt und die Dinge des täglichen Lebens mit eigenen Händen aus Pflanzen, Tieren, Steinen und anderen natürlichen Rohstoffen hergestellt. Das sollte sich im 18. Jahrhundert gründlich ändern. Die industrielle Revolution sorgte dafür, dass Maschinen all das herstellten, was früher von Hand gemacht wurde. Das erste Produkt aus einer Fabrik war gewebter Stoff, doch schon bald folgten andere nach. Mit der Erfindung neuer Maschinen und schnellerer Produktionstechniken schossen fast über Nacht neue Fabriken aus dem Boden. Die wirkliche Wende brachte allerdings erst die Erfindung der Dampfmaschine. Sie lieferte die Energie für noch größere und kompliziertere Maschinen.

Als Nächstes kam die Massenproduktion; der amerikanische Erfinder Eli Whitney hatte die Idee. Er baute Maschinen, die identische Bauteile in großer Zahl herstellten – den Zusammenbau der verschiedenen Einzelteile übernahmen ungelernte Arbeiter. Damit wurde es zum Beispiel möglich, ein Gewehr im Bruchteil

Wunder, die wir für selbstverständlich halten, aus dem Staunen nicht mehr heraus – von Cornflakes und Laufschuhen zu Computerspielen und DVDs. Aber wie kompliziert diese Dinge auch sein mögen, für alle werden zunächst Rohstoffe aus der Natur benötigt.

Jede Fabrik braucht Rohstoffe, wie beispielsweise Erdöl, Mineralien oder Holz. Sie werden aus der Erde oder dem Meer gefördert, stammen von Feldern oder aus dem Wald. In der Regel werden diese Rohstoffe in zwei Stufen verarbeitet: Zuerst stellt man daraus einheitliche Grundstoffe wie Bretter, Stahl, Plastik, Glas oder Ton her. In einem zweiten Schritt werden diese Grundstoffe geschmolzen, zerschnitten, zerrieben oder mit anderen vermischt. Dabei verwendet man häufig Hitze, Druck und Chemikalien, um die Moleküle der Bausteine zu verändern. Erst dann fügt man aus ihnen Stück für Stück die Endprodukte zusammen.

In diesem Buch erfährst du, wie 69 wichtige Dinge des täglichen Lebens hergestellt werden. Manche technischen Produkte, wie Computerspiele oder Handys, sind zu kompliziert aufgebaut, man könnte auf zwei Seiten nicht erklären, wie man sie herstellt. Aber du wirst eine Reihe alter Bekannter finden. Vielleicht kommen dir dann einige Dinge nicht mehr ganz so geheimnisvoll vor – etwa wie Pflanzen und Mineralien zu Colabüchsen werden, wie sich Bäume in Gitarren verwandeln und warum die Jeans blau sind.

der Zeit herzustellen, die früher ein Waffenschmied benötigte, um ein Einzelstück in Handarbeit zu fertigen. Im 20. Jahrhundert erfand Henry Ford das Fließband und ließ Autos und Lastwagen am Band herstellen. Das Auto bewegte sich auf dem Band langsam weiter, während jeder Arbeiter nur ein ganz bestimmtes Teil einbaute. Seit damals verlassen Tausende von Produkten die Fabriken, in denen sie hergestellt wurden. Nur wenige Menschen wissen genau, wie sie hergestellt werden.

In jüngster Zeit krempelten Computer die Produktion vollständig um. In manchen Fabriken arbeiten nur noch computergesteuerte Maschinen und Roboter: Computer überwachen den ganzen Weg von den Rohstoffen über die Produktion bis hin zur Verpackung und zum Transport in die Geschäfte.

Für die Dorfbewohner der Vergangenheit wäre diese Welt unvorstellbar. Sie kämen über die zahllosen

Sport und Spiel

Baseball

Weißt du, was sich unter der Hülle eines zerschlissenen, alten Baseballs befindet? Unter der Lederhülle stößt man auf ein Knäuel aus aufgewickeltem Garn – und das ist erst der Anfang des Baseball-Geheimnisses.

Die ersten Baseballs bestanden aus Steinen oder Walnüssen, die dicht mit Fäden, Stoff oder sogar alten Socken umwickelt waren. Außen herum kam eine Hülle aus altem Schuhleder, die zugenäht wurde.

1. Den Kern moderner Baseballs bildet eine Kugel aus Kork. Sie wird von zwei Schichten aus schwarzem und rotem Gummi eingehüllt (siehe Gummi, Seite 156).

2. Um den inneren Teil werden drei Lagen aus farbigem Wollgarn (blaugrau, weiß, blaugrau) und dann eine vierte Schicht aus weißem Baumwollgarn gewickelt. Für einen einzigen Baseball braucht man fast 400 m Garn.

3. Außen auf das Garn kommt eine Schicht Kreppgummi als Unterlage für die äußere Hülle.

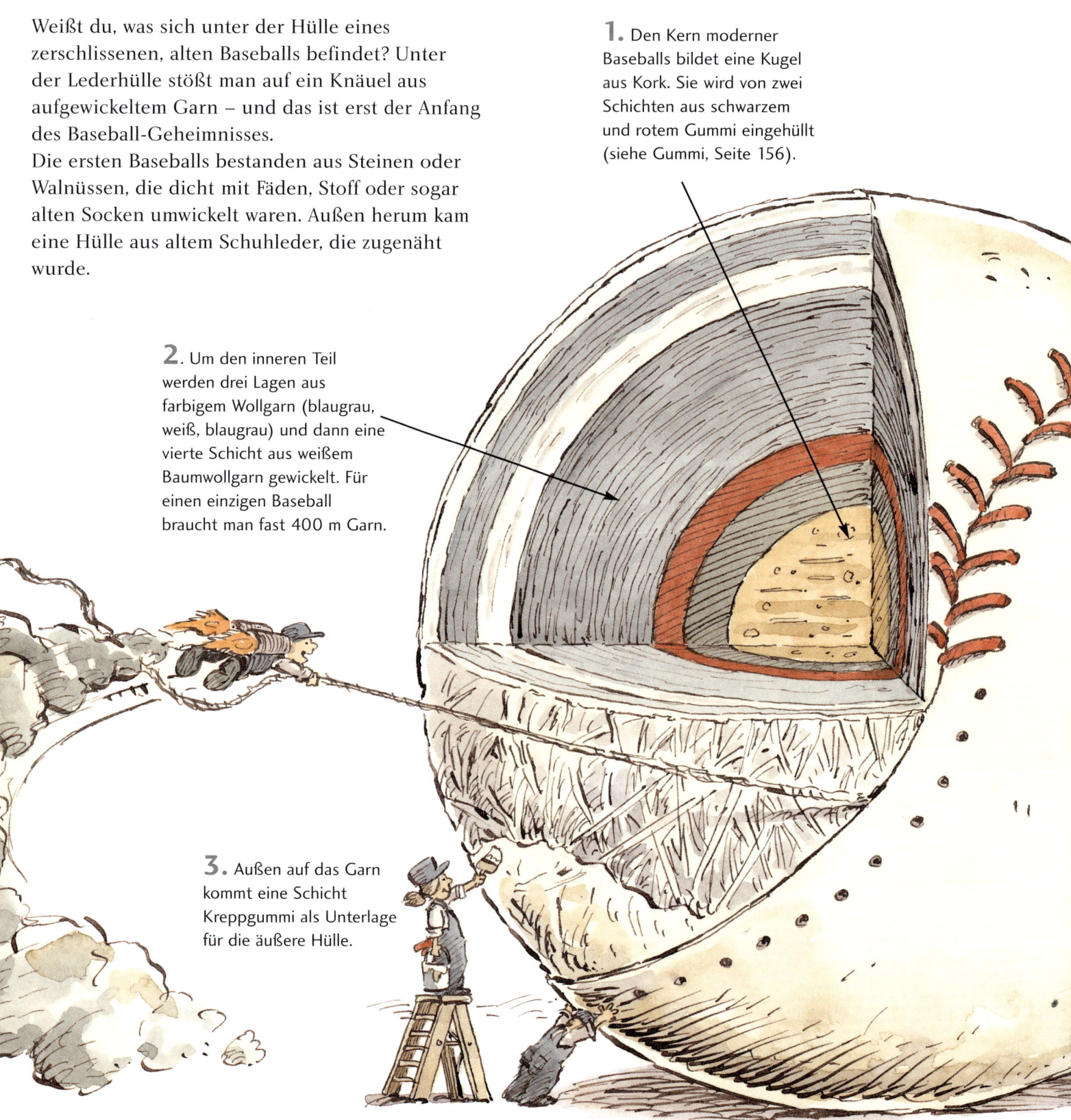

4. Zwei wie eine 8 geformte Stücke aus Rindsleder werden mit Kleber bestrichen und angefeuchtet, damit sie dehnbarer werden.

5. Jedes der beiden Lederstücke deckt genau eine Ballhälfte ab; sie werden über den Ball gelegt, mit Klammern angedrückt und mit exakt 108 Stichen vernäht. Dafür braucht man 2,23 m gewachsten roten Faden.

6. Die Klammern werden entfernt und Größe, Gewicht und Qualität des Balls werden überprüft. Dann rollt der noch feuchte Ball in einer Maschine herum, bis er ganz rund ist und die Nähte glatt sind.

7. Jeder Ball durchläuft einen Test, ob er seine Form behält und elastisch genug ist. Dazu schießt man ihn mit einer Art Kanone mit 26 m pro Sekunde gegen eine Wand aus Eschenholz. Bälle, die die Prüfung nicht bestehen, werden aussortiert.

»TOTE« BÄLLE

Seit in Amerika Baseball gespielt wird, richtet sich die Art der Bälle nach der Spielweise. Zu Beginn des 19. Jahrhunderts waren die Bälle sehr elastisch, denn sie wogen nur 85 g (heute 142 g) und hatten einen Kern aus Gummi. Bei manchen Spielen gab es daher mehr als 100 Runs.

Damals stellte die Heimmannschaft die Bälle. Also konnten defensiv spielende Teams »tote« Bälle stellen, die kaum sprangen. Eine New Yorker Firma warb damals für ihre ganz aus Garn und ohne Gummi hergestellten Bälle, »die totesten Bälle aller Zeiten«.

Du bist draußen!

CDs

Hörst du gerne Musik bei den Hausaufgaben? Dann hörst du wahrscheinlich auch CDs (*Compact Discs*). CDs haben den besten Klang aller Tonträger. Nur eine Liveband mit ihren Instrumenten klingt besser. Livebands im Zimmer sind allerdings viel unpraktischer als eine CD!

1. Ein Mikrofon zeichnet die Musik auf. Die Elektronik im Aufnahmegerät wandelt sie in Millionen von digitalen Bits um und überspielt sie in einen Computer.

2. In der CD-Fabrik wird die digitale Musik abgespielt und die Signale auf einen Laser übertragen. Der Laser ist auf eine rotierende Glasscheibe (Master-Disk) gerichtet, die mit einer Folie beschichtet wurde. Indem sich der Laser immer wieder schnell ein- oder ausschaltet, brennt er eine Kopie der digitalen Originalmusik in die Folie.

3. Ein chemisches Bad brennt überall dort Vertiefungen in die Master-Disk, wo der Laser die Folie verbrannt und das Glas freigelegt hat.

PUNKTGENAU

In den Punkt auf dem »i« passen über 1000 der winzigen Vertiefungen auf der CD.

4. Nun kommt die Master-Disk in ein Silberbad, durch das ein Strom fließt. Dadurch schlägt sich eine dünne Metallschicht auf dem Glas nieder. Der Vorgang heißt Galvanisieren und die neue metallüberzogene Disk »Vater«.

9. Zum Schluss bekommt jede CD eine schützende Plastikschicht. Jede CD wird überprüft, beschriftet, eingepackt und ausgeliefert.

8. Jede Plastik-CD wird mit einer sehr dünnen Aluminium-schicht bedampft.

7. Nun befestigt man die »Söhne« oder »Stamper« in Formen und presst flüssigen Kunststoff (siehe Kunststoff, Seite 152) in diese Formen. So entstehen Plastikscheiben – die späteren CDs –, in die der »Stamper« ein Muster aus Vertiefungen gedrückt hat.

6. Die »Söhne« werden auf die richtige Größe gestanzt und bekommen das Loch in der Mitte. Fehlerhafte Exemplare werden aussortiert.

5. Durch Galvanisieren werden nun aus dem »Vater« eine oder mehr »Mütter« hergestellt. Aus jeder »Mutter« entsteht ein »Sohn« oder »Stamper«, mit dessen Hilfe die CDs gepresst werden.

Vater

Master

Vater

Mutter

Mutter

Sohn

Findest du, sie sehen sich ähnlich?

Wie der Vater, so der Sohn.

15

Kaugummi

Wir schreiben das Jahr 1869: Thomas Adams und sein Sohn Tom grübeln über einem Fass mit dem getrockneten Saft (»Latex«) eines mexikanischen Urwaldbaumes. Sie hatten diesen »Chicle« genannten Saft bestellt, weil sie einen neuen Reifengummi erfinden wollten. Aber es will und will nicht klappen. Thomas kaut geistesabwesend auf einem Stück

Gummi herum und meint: »Nicht schlecht!« Schon bald darauf gründen die beiden eine Fabrik und stellen den ersten Kaugummi her: *Adam's New York Gum No. 1.*
Kaugummi wird noch heute nach ihrem Rezept hergestellt.

1. Der natürliche Chicle von Bäumen oder künstlicher Latex wird in großen Blöcken angeliefert. In der Fabrik zerreibt man ihn in kleine Brocken, die einige Tage warm und trocken lagern müssen.

2. Der trockene Latex wird in großen Kesseln erhitzt und geschmolzen. Käfer, Baumrinde oder Schmutzteilchen werden entfernt und die geschmolzene Masse in einen anderen Kessel gefüllt. Darin wird er gekocht, gerührt, gezuckert, mit Maissirup, Farbe, Aromastoffen und Weichmachern vermischt.

3. Wenn die gekochte Masse abgekühlt ist, wird sie mehrere Stunden lang wie Teig geknetet.

Feuer schüren
Kräftig rühren
Dämpfe steigen
Blasenreigen

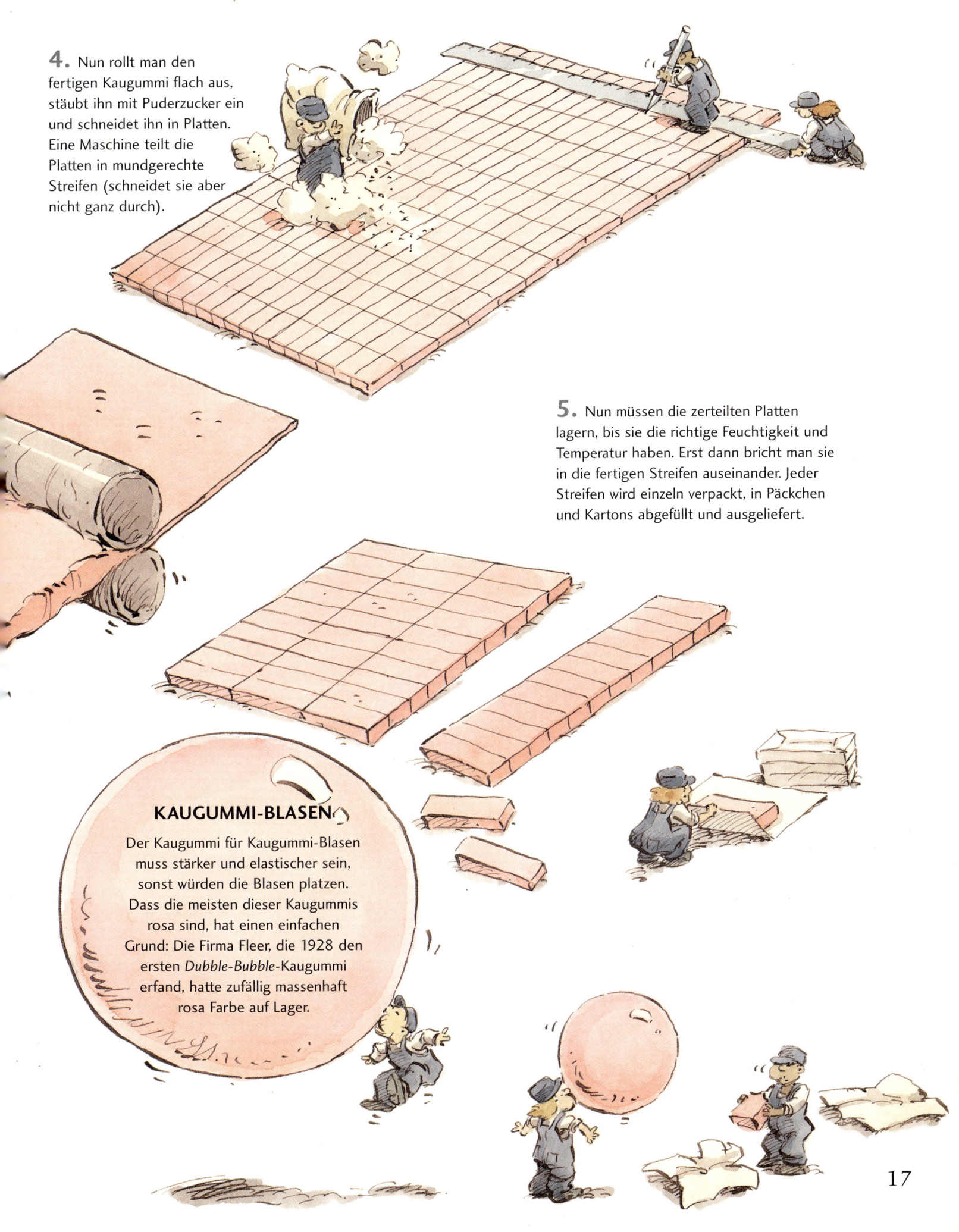

4. Nun rollt man den fertigen Kaugummi flach aus, stäubt ihn mit Puderzucker ein und schneidet ihn in Platten. Eine Maschine teilt die Platten in mundgerechte Streifen (schneidet sie aber nicht ganz durch).

5. Nun müssen die zerteilten Platten lagern, bis sie die richtige Feuchtigkeit und Temperatur haben. Erst dann bricht man sie in die fertigen Streifen auseinander. Jeder Streifen wird einzeln verpackt, in Päckchen und Kartons abgefüllt und ausgeliefert.

KAUGUMMI-BLASEN

Der Kaugummi für Kaugummi-Blasen muss stärker und elastischer sein, sonst würden die Blasen platzen. Dass die meisten dieser Kaugummis rosa sind, hat einen einfachen Grund: Die Firma Fleer, die 1928 den ersten *Dubble-Bubble*-Kaugummi erfand, hatte zufällig massenhaft rosa Farbe auf Lager.

Puppen

Heute sind Puppen vor allem Kinderspielzeuge. Das war im Alten Ägypten noch ganz anders: Puppen galten als Abbilder von Göttinnen und Göttern. Den Toten legte man Puppen als Diener mit ins Grab. Mit solchen Puppen wurde nicht gespielt. In Japan werden Puppen noch heute benutzt um Kindern die Geschichte und Kultur des Landes nahe zu bringen.

Schon immer haben die Menschen Puppen aus Stroh, Leder, Ton oder Holz selbst gebastelt. Aber es gab auch Puppenmacher, die Puppen aus Wachs, Papiermaschee, Porzellan und einer speziellen Mischung aus Leim und Sägemehl herstellten. Seit den 40er Jahren des 20. Jahrhunderts ist Plastik der wichtigste Rohstoff der Puppenmacher.

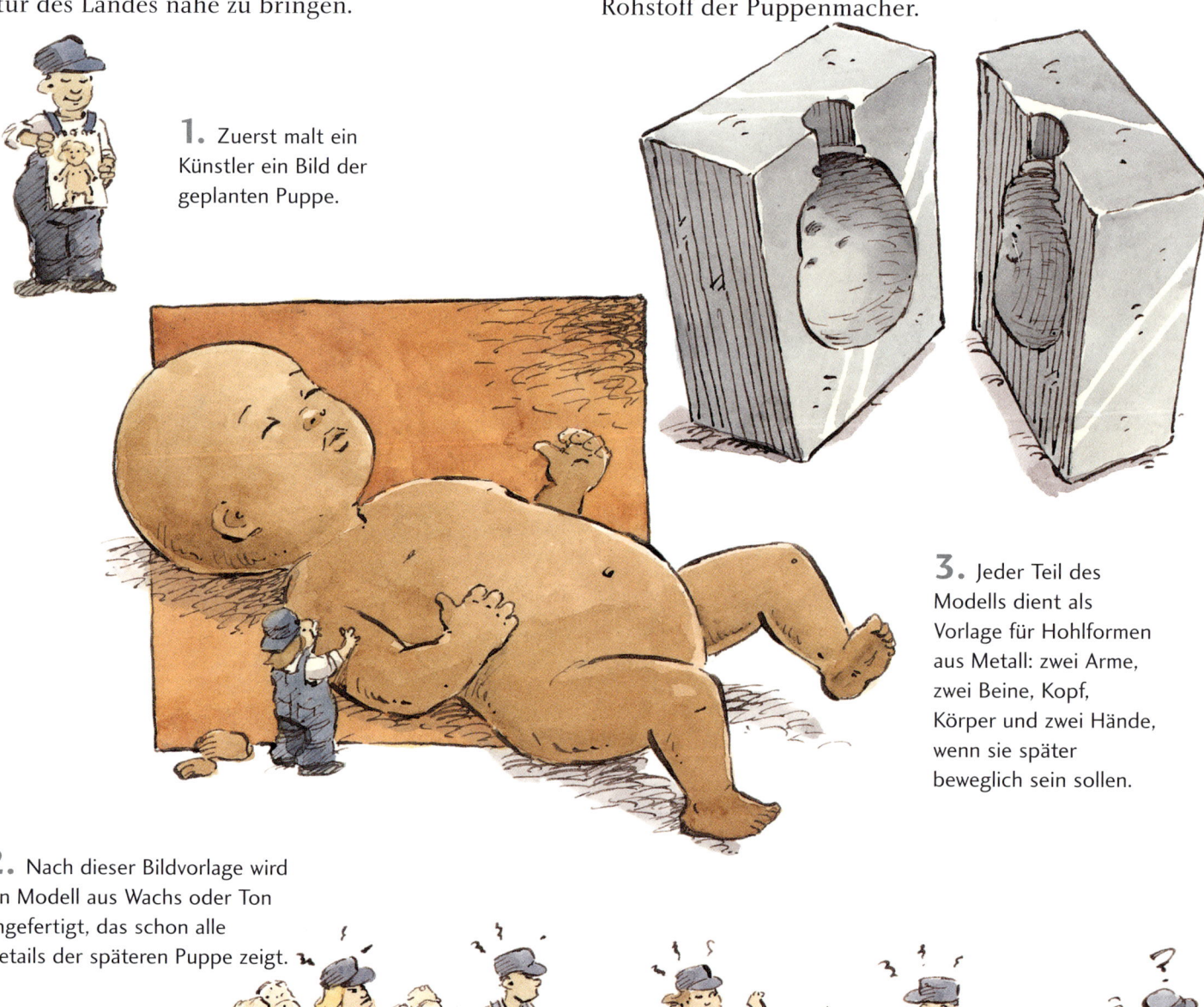

1. Zuerst malt ein Künstler ein Bild der geplanten Puppe.

3. Jeder Teil des Modells dient als Vorlage für Hohlformen aus Metall: zwei Arme, zwei Beine, Kopf, Körper und zwei Hände, wenn sie später beweglich sein sollen.

2. Nach dieser Bildvorlage wird ein Modell aus Wachs oder Ton angefertigt, das schon alle Details der späteren Puppe zeigt.

18

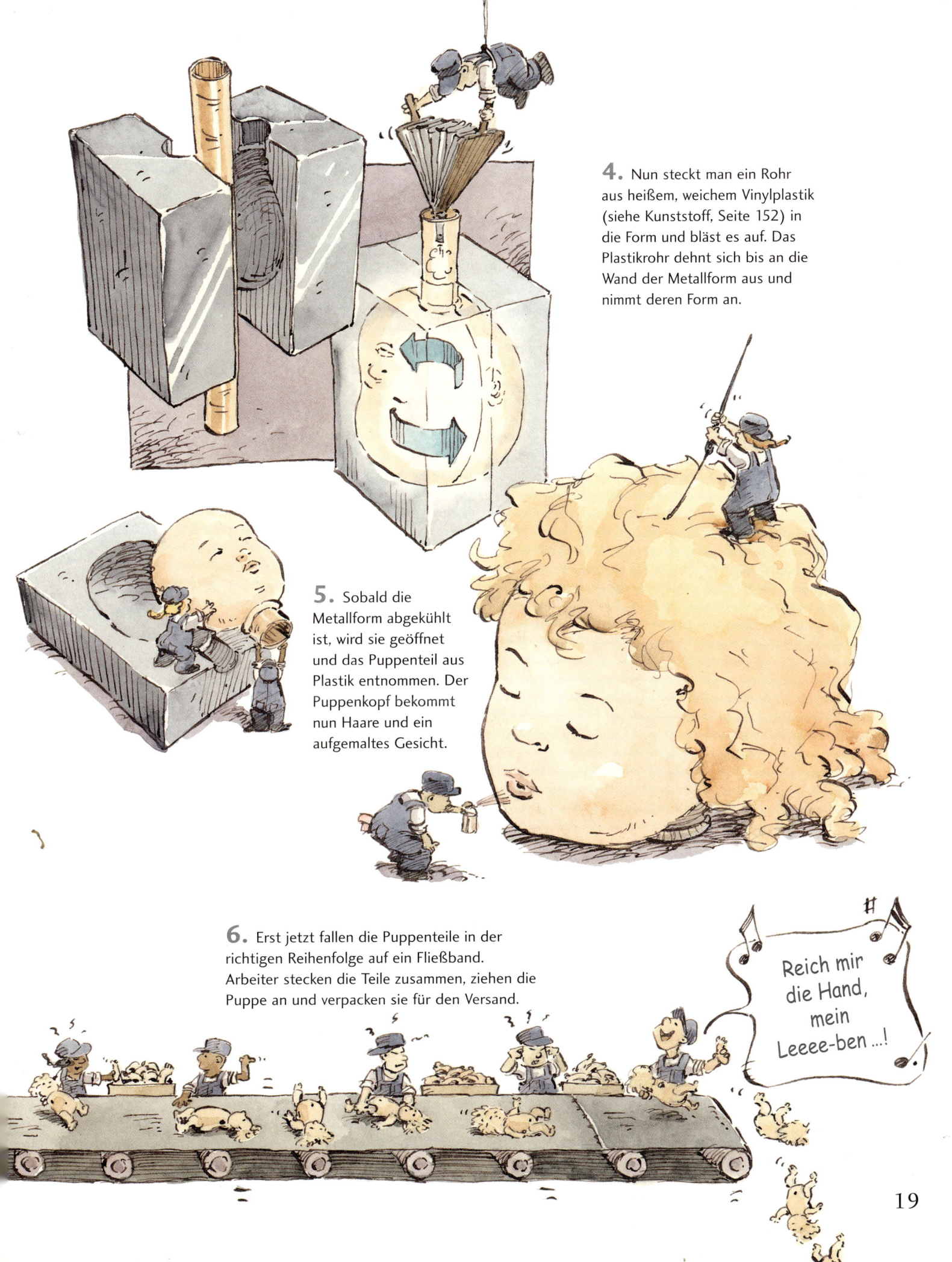

4. Nun steckt man ein Rohr aus heißem, weichem Vinylplastik (siehe Kunststoff, Seite 152) in die Form und bläst es auf. Das Plastikrohr dehnt sich bis an die Wand der Metallform aus und nimmt deren Form an.

5. Sobald die Metallform abgekühlt ist, wird sie geöffnet und das Puppenteil aus Plastik entnommen. Der Puppenkopf bekommt nun Haare und ein aufgemaltes Gesicht.

6. Erst jetzt fallen die Puppenteile in der richtigen Reihenfolge auf ein Fließband. Arbeiter stecken die Teile zusammen, ziehen die Puppe an und verpacken sie für den Versand.

Reich mir die Hand, mein Leeee-ben ...!

Football

Ein Vorläufer des nordamerikanischen Footballs wurde zum ersten Mal 1609 in der amerikanischen Kolonie Virginia gespielt. Als Ball diente eine aufgeblasene Schweineblase. Die heutigen Footballs haben zwar nicht mehr viel mit Schweinen zu tun, dafür aber umso mehr mit Kühen …

1. Für einen Ball braucht man vier Streifen aus Rindsleder. Das Leder wird innen mit Baumwolle ausgekleidet. Auf einen Streifen wird der Firmenname gestempelt.

2. Zwischen zwei der Streifen bleibt ein Spalt für die Naht offen. An diesen markierten Stellen wird ein Stoffstreifen mit Gummiüberzug festgenäht.

3. Mit einem Hammer und einer spitzen Ahle schlägt man Löcher für die Naht und eines für das Ventil – hier wird später der Ball aufgepumpt – in das Leder.

4. Nun werden die vier Lederstreifen »links herum« (das Innere nach außen) zusammengenäht und die Nähte platt geklopft. Der Spalt für die Naht bleibt noch offen.

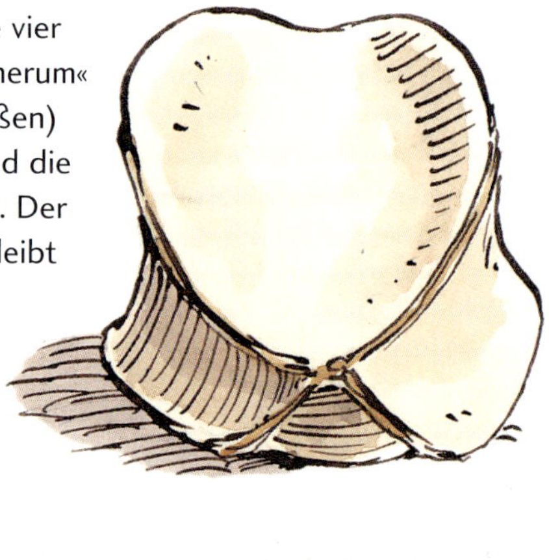

5. Jetzt kann der Football gewendet werden: Arbeiter stülpen ihn über einen Holzpfosten und ziehen kräftig. Mit der Hand wird unter der Öffnung für die Naht eine Zunge eingenäht. Nun kann der Ball die innere Blase aufnehmen.

20

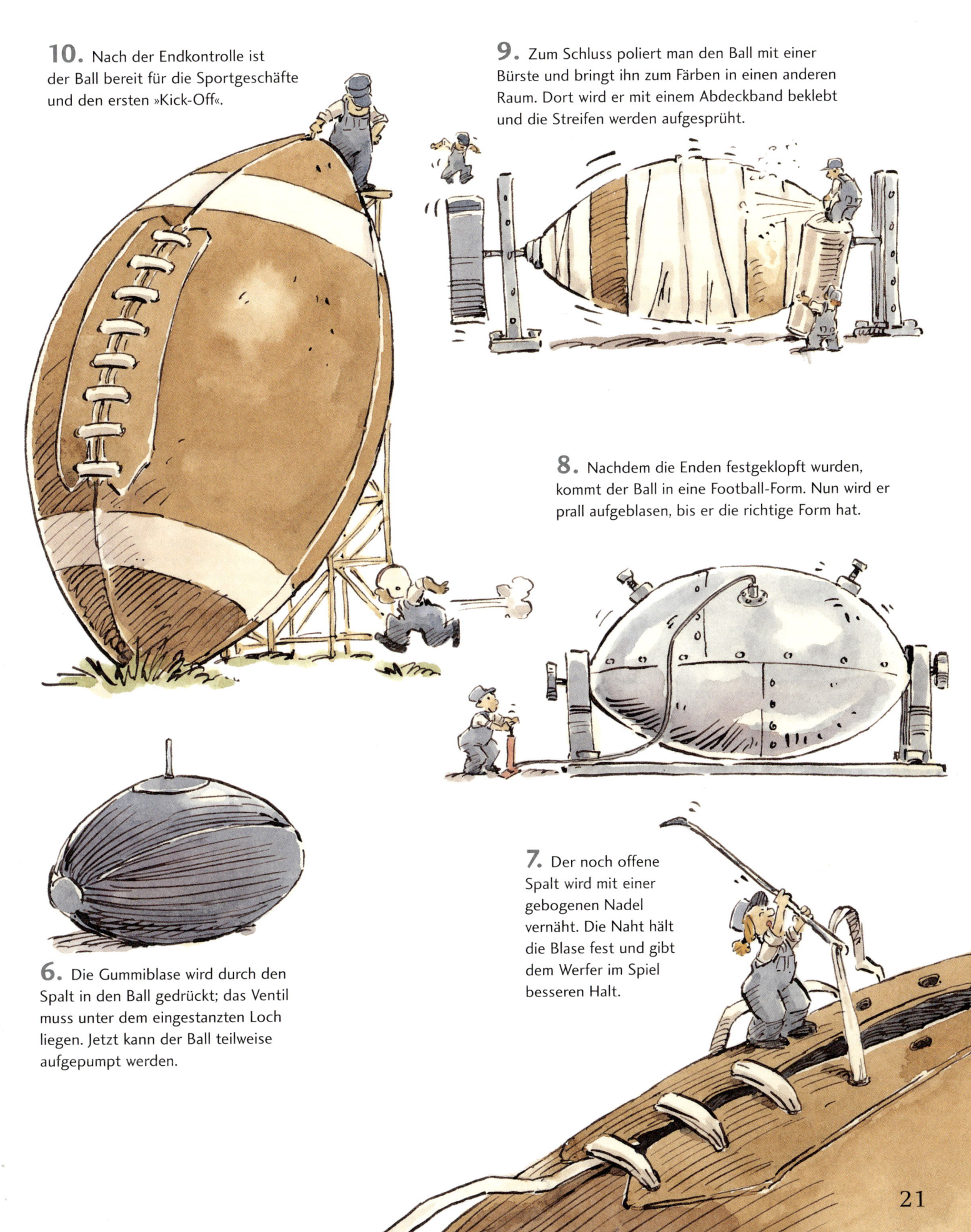

10. Nach der Endkontrolle ist der Ball bereit für die Sportgeschäfte und den ersten »Kick-Off«.

9. Zum Schluss poliert man den Ball mit einer Bürste und bringt ihn zum Färben in einen anderen Raum. Dort wird er mit einem Abdeckband beklebt und die Streifen werden aufgesprüht.

8. Nachdem die Enden festgeklopft wurden, kommt der Ball in eine Football-Form. Nun wird er prall aufgeblasen, bis er die richtige Form hat.

7. Der noch offene Spalt wird mit einer gebogenen Nadel vernäht. Die Naht hält die Blase fest und gibt dem Werfer im Spiel besseren Halt.

6. Die Gummiblase wird durch den Spalt in den Ball gedrückt; das Ventil muss unter dem eingestanzten Loch liegen. Jetzt kann der Ball teilweise aufgepumpt werden.

Gitarre

Kannst du dir vorstellen, ein Klavier im Koffer zu transportieren? Sicher ist das einer der Gründe, warum Gitarren so beliebt sind – man kann sie mitnehmen!
Schon aus der Antike kennen wir Bilder von einem Instrument mit Hals, Schallloch und einem geschwun-genen Körper. Die spanischen Musiker des 13. Jahr-hunderts spielten auf einer *guitarra latina* mit vier Saiten. Um 1800 fügten die Gitarrenbauer eine fünfte und später noch eine sechste Saite hinzu, die dicke Basssaite E. Hier ist zu sehen, wie akustische Gitarren hergestellt werden.

1. Gitarrenbauer brauchen Holz mit gerader, paralleler Maserung; es hat den besten Klang.

2. Für die Oberseite des Gitarrenkörpers, die Decke, spalten die Gitarrenbauer ein Stück Fichtenholz in zwei dünne Platten auseinander. Dann fügen sie die beiden Platten zusammen und verleimen sie in der Mitte.

3. Die Decke wird mit Schmirgelpapier auf die richtige Dicke gebracht und in die typische Gitarrenform gesägt. Zum Schluss sägt man das Schallloch aus.

4. Auf die Innenseite der Decke werden hölzerne Streben aufgeklebt. Sie verstärken die Decke gegen den Zug der Saiten und verbessern den Klang der Gitarre.

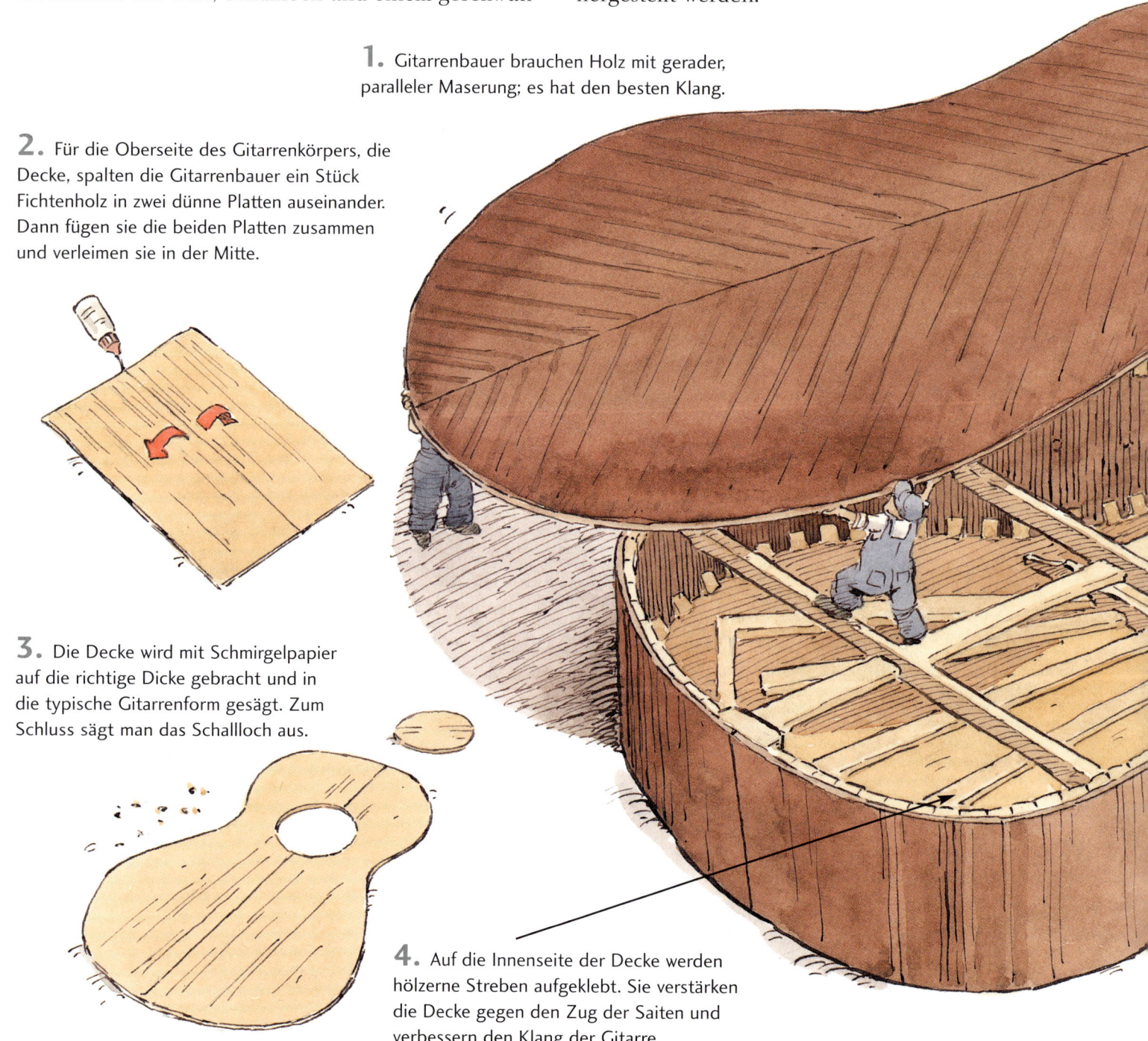

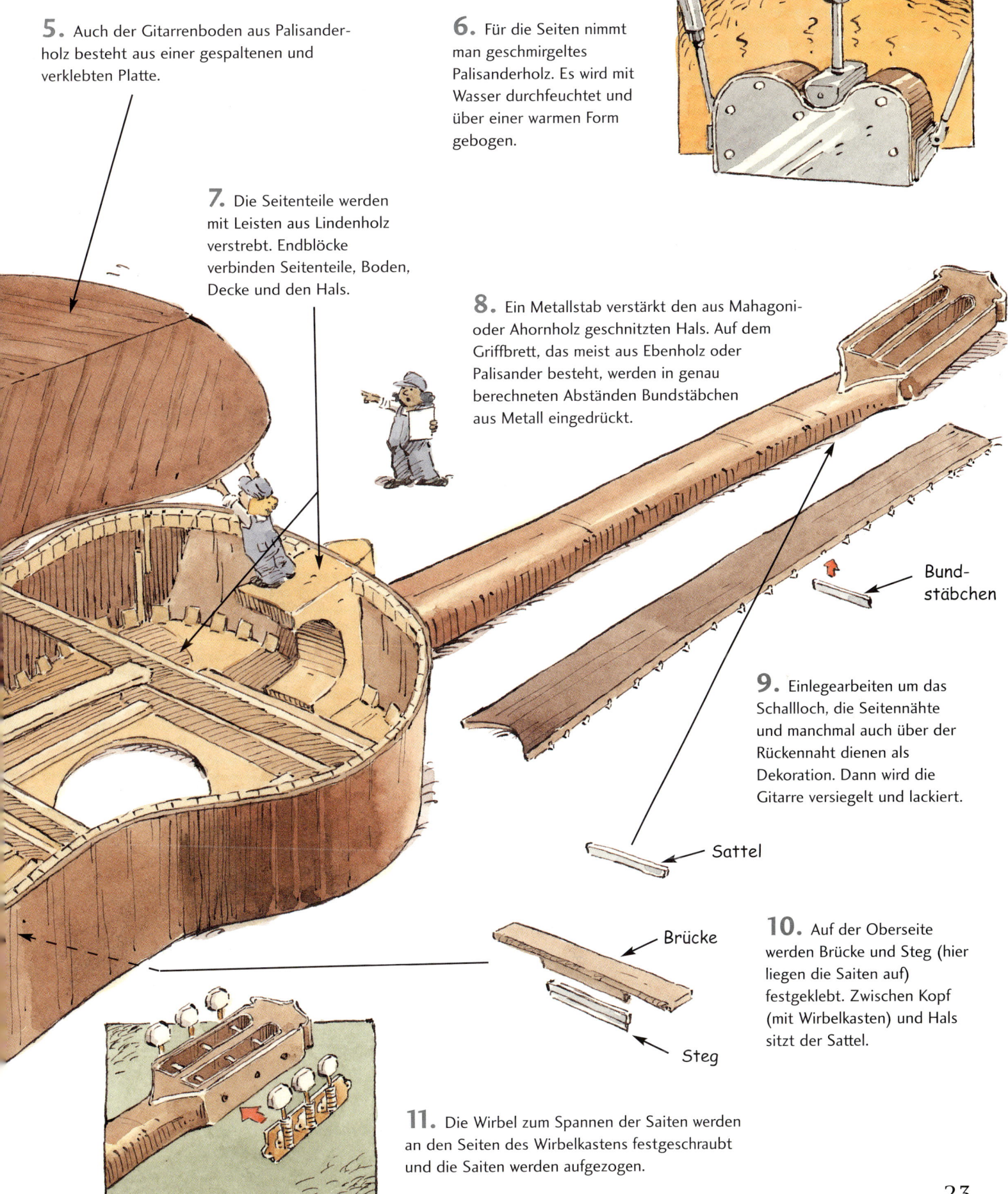

5. Auch der Gitarrenboden aus Palisanderholz besteht aus einer gespaltenen und verklebten Platte.

6. Für die Seiten nimmt man geschmirgeltes Palisanderholz. Es wird mit Wasser durchfeuchtet und über einer warmen Form gebogen.

7. Die Seitenteile werden mit Leisten aus Lindenholz verstrebt. Endblöcke verbinden Seitenteile, Boden, Decke und den Hals.

8. Ein Metallstab verstärkt den aus Mahagoni- oder Ahornholz geschnitzten Hals. Auf dem Griffbrett, das meist aus Ebenholz oder Palisander besteht, werden in genau berechneten Abständen Bundstäbchen aus Metall eingedrückt.

Bundstäbchen

9. Einlegearbeiten um das Schallloch, die Seitennähte und manchmal auch über der Rückennaht dienen als Dekoration. Dann wird die Gitarre versiegelt und lackiert.

Sattel

Brücke

Steg

10. Auf der Oberseite werden Brücke und Steg (hier liegen die Saiten auf) festgeklebt. Zwischen Kopf (mit Wirbelkasten) und Hals sitzt der Sattel.

11. Die Wirbel zum Spannen der Saiten werden an den Seiten des Wirbelkastens festgeschraubt und die Saiten werden aufgezogen.

Murmeln

Murmeln«, »Klickern«, »Leitermännchen« – Kinder scheinen schon immer mit den kleinen Kugeln gespielt zu haben. Als der jugendliche Pharao Tutanchamun starb, legte man ihm Murmeln ins Grab. Griechische und römische Kinder spielten mit Murmeln aus Ton und sogar in alten Indianergräbern in Nordamerika fand man Murmeln.

In Deutschland wurden die Murmeln zu Anfang des 17. Jahrhunderts aus Marmor hergestellt. Vermutlich waren es Glasbläser aus Venedig, die zum ersten Mal Glasmurmeln mit der Hand formten. Die erste Maschine für Glasmurmeln stand aber zu Beginn des 20. Jahrhunderts in einer Scheune in Ohio (USA).

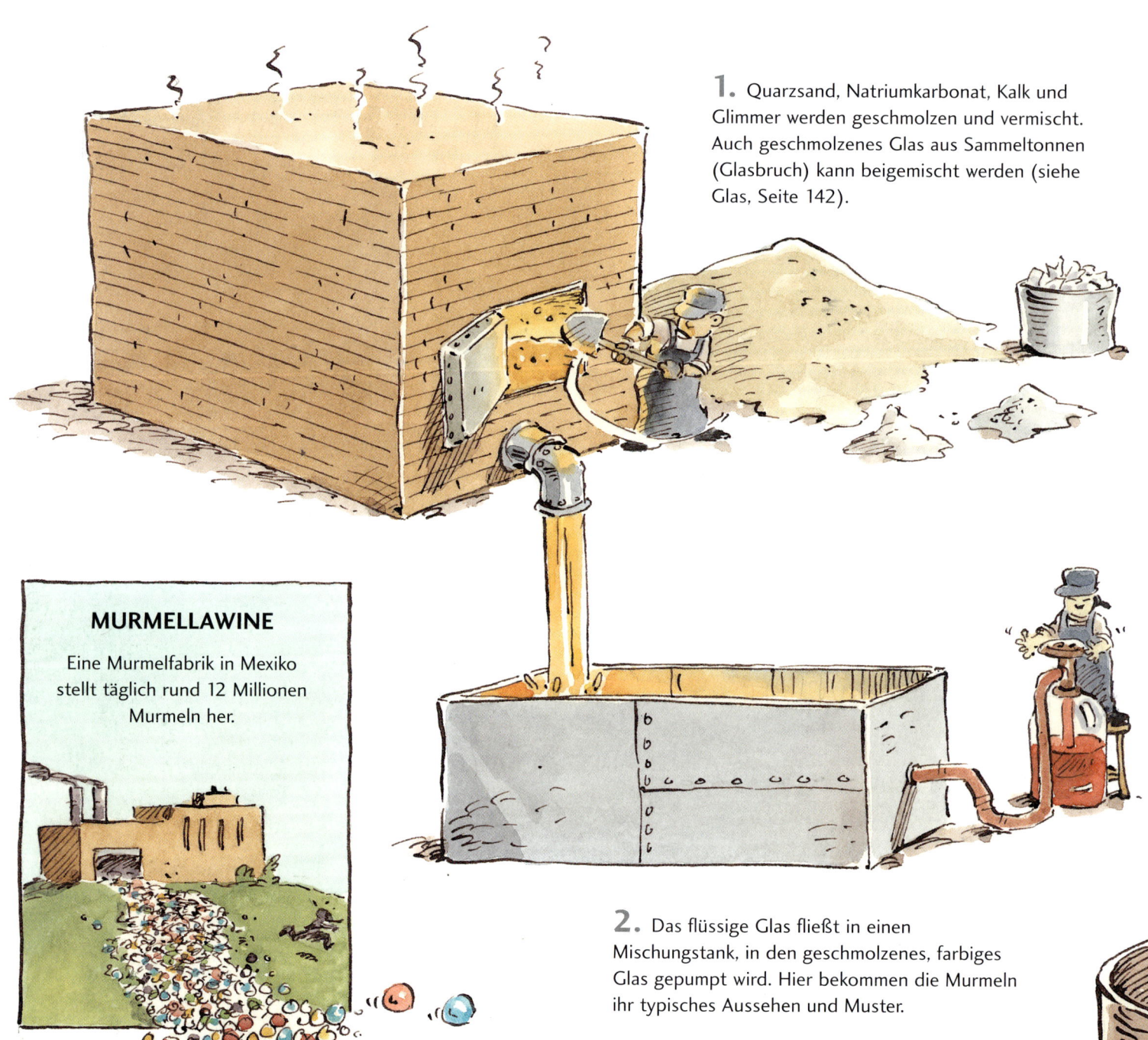

1. Quarzsand, Natriumkarbonat, Kalk und Glimmer werden geschmolzen und vermischt. Auch geschmolzenes Glas aus Sammeltonnen (Glasbruch) kann beigemischt werden (siehe Glas, Seite 142).

MURMELLAWINE

Eine Murmelfabrik in Mexiko stellt täglich rund 12 Millionen Murmeln her.

2. Das flüssige Glas fließt in einen Mischungstank, in den geschmolzenes, farbiges Glas gepumpt wird. Hier bekommen die Murmeln ihr typisches Aussehen und Muster.

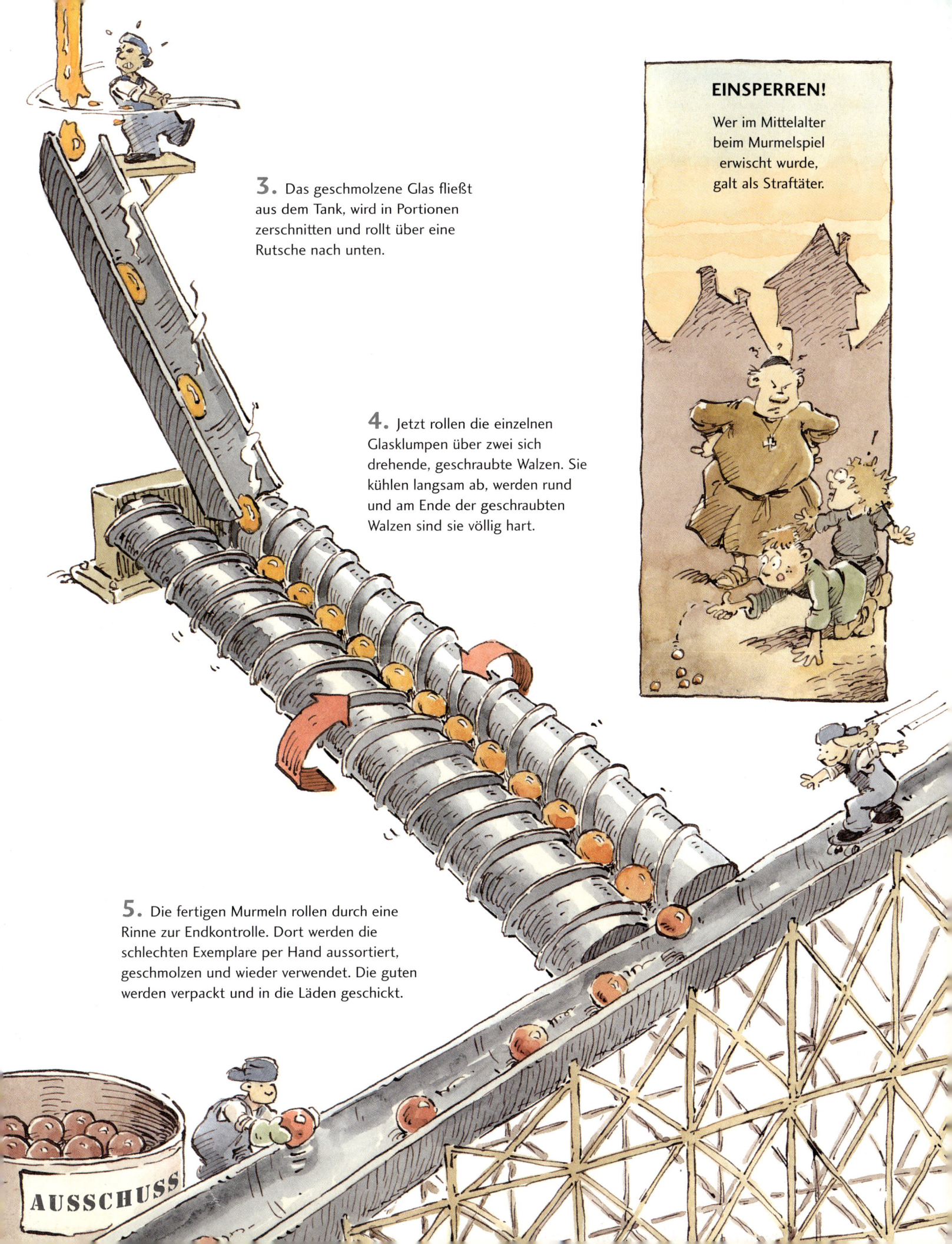

3. Das geschmolzene Glas fließt aus dem Tank, wird in Portionen zerschnitten und rollt über eine Rutsche nach unten.

4. Jetzt rollen die einzelnen Glasklumpen über zwei sich drehende, geschraubte Walzen. Sie kühlen langsam ab, werden rund und am Ende der geschraubten Walzen sind sie völlig hart.

5. Die fertigen Murmeln rollen durch eine Rinne zur Endkontrolle. Dort werden die schlechten Exemplare per Hand aussortiert, geschmolzen und wieder verwendet. Die guten werden verpackt und in die Läden geschickt.

AUSSCHUSS

EINSPERREN!

Wer im Mittelalter beim Murmelspiel erwischt wurde, galt als Straftäter.

Leuchtreklame

Magst du hell erleuchtete Städte? Viele Menschen lieben das Licht, das nachts die Theater und Läden, Restaurants und Kneipen einer Stadt erleuchtet. Manche Leuchtreklamen aus Neonröhren sind so schön, dass sie an Kunst erinnern. Wir verdanken diese aufregenden Botschaften aus Buchstaben, Figuren und buntem Licht einem glühenden Gas und der Technik. Das erste Gas, das in solchen Röhren leuchtete, war das Neon; inzwischen gibt es zahlreiche weitere.

Neon ist in kleinsten Mengen in normaler Luft vorhanden. Es wurde 1898 zufällig entdeckt, als die englischen Forscher William Ramsey und M. W. Travers nach einer Methode suchten, Sauerstoff aus flüssiger Luft zu gewinnen. Im Jahre 1902 erfand der Franzose Georges Claude eine billigere Methode zur Gewinnung des neuen Gases und baute die erste funktionierende Neonröhre.

1. Ein Glaskünstler entwirft die Form der Reklame und überträgt sie auf ein Stück Asbest. Es dient als Form zum Biegen der Röhren.

2. Eine Glasröhre (siehe Glas, Seite 142) wird gereinigt. Soll nicht Neon oder Argon, sondern ein anderes Gas (z. B. Krypton oder Xenon) eingefüllt werden, bläst eine Maschine flüssigen Phosphor in die Röhre. Phosphor schlägt sich innen an der Glaswand nieder und lässt das Licht heller strahlen.

3. Ein Glasbläser erwärmt die Röhre um sie in die gewünschte Form biegen zu können. Damit sie nicht zusammenfällt, bläst er ständig hinein. Diese Arbeit wird mit bloßen Händen gemacht – so spürt er, wenn das Glas die richtige Temperatur hat und sich biegen lässt.

4. An beiden Enden der Glasröhre wird eine Elektrode eingeschmolzen. Dann überstreicht man die Teile der Röhre, die nicht leuchten sollen, mit schwarzer Farbe.

Elektrode

5. Die Röhre wird durch ein kleines Loch am Ende der Elektrode luftleer gepumpt und elektrischer Strom über die Elektroden durch die Röhre geleitet. Glas und Elektroden werden so heiß, dass alle Verunreinigungen verschwinden.

6. Wenn die Röhre wieder abgekühlt ist, pumpt man Leuchtgas unter schwachem Druck hinein (Neon für rotes oder orangerotes, Argon für blaues Licht). Dann wird das Loch versiegelt.

7. Nun fließt einige Minuten lang elektrischer Strom durch die Röhre. Dabei stabilisiert sich das Gas und man kann überprüfen, ob die Röhre richtig brennt. Dieser Test heißt »Einbrennen«.

8. Die Leuchtröhre wird auf einer Verkleidung befestigt und die Elektroden mit einem Transformator verbunden. Jetzt ist sie bereit für den Einbau.

GRELLE FARBEN

Das Gas beginnt zu leuchten, weil der elektrische Strom die Elektronen eines Gasatoms aus ihrer Bahn schleudert. Während das Elektron auf seine Bahn zurückfällt, gibt es Energie in Form eines Lichtblitzes ab. Durch geschickte Kombination von Gasen und Beschichtung der Röhre lassen sich über 50 Farben erzeugen.

Elektron

Atomkern

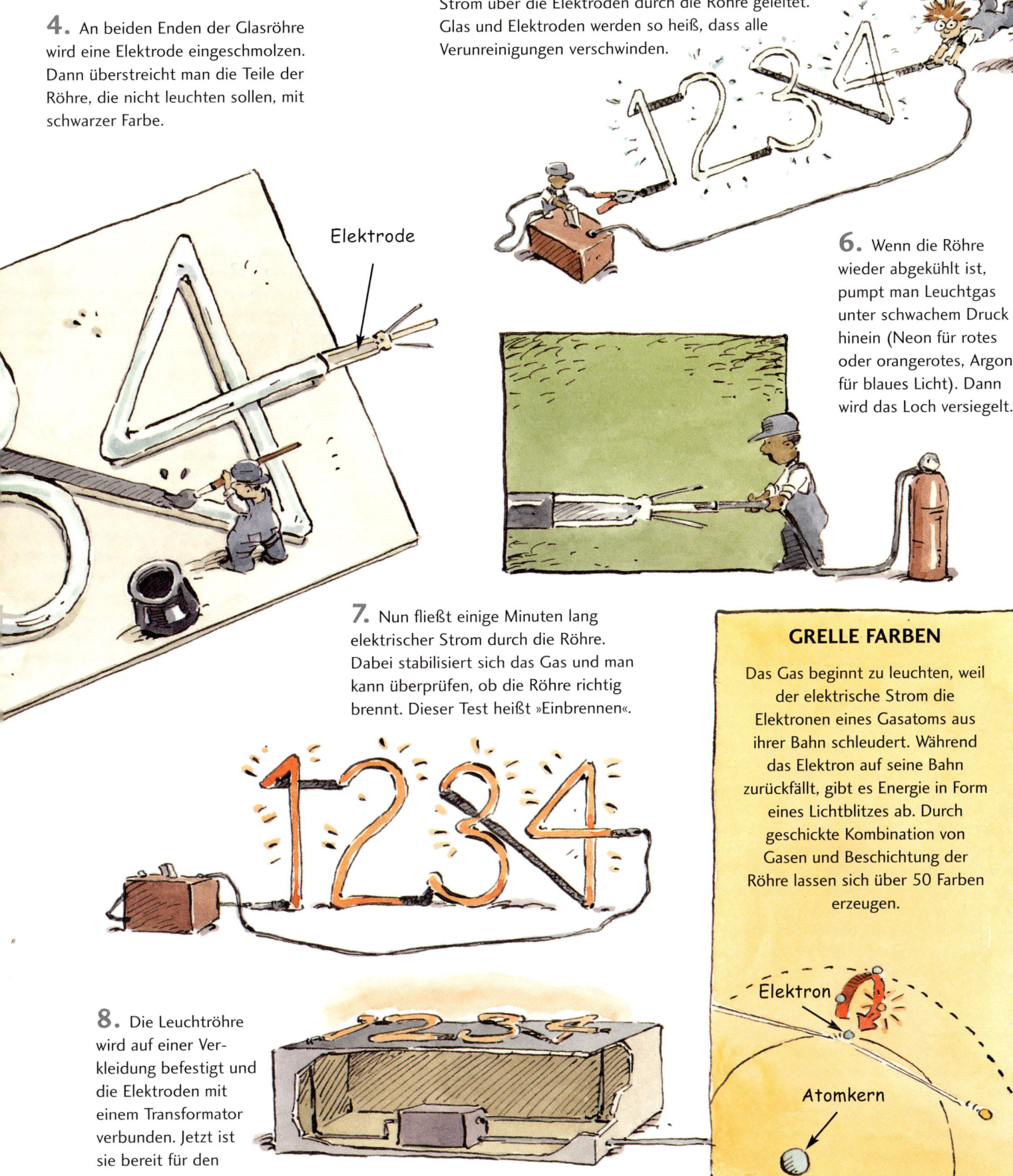

27

Plastik-Dinosaurier

Kannst du dir eine Mini-Welt vorstellen, in der *Tyrannosaurus* und andere Plastik-Dinos den Planeten regieren – wenn auch nur die Welt in deinem

Kinderzimmer? Natürlich weißt du, dass Dinosaurier Echsen waren, die aus Eiern schlüpften, aber wie werden die Plastiktiere geboren?

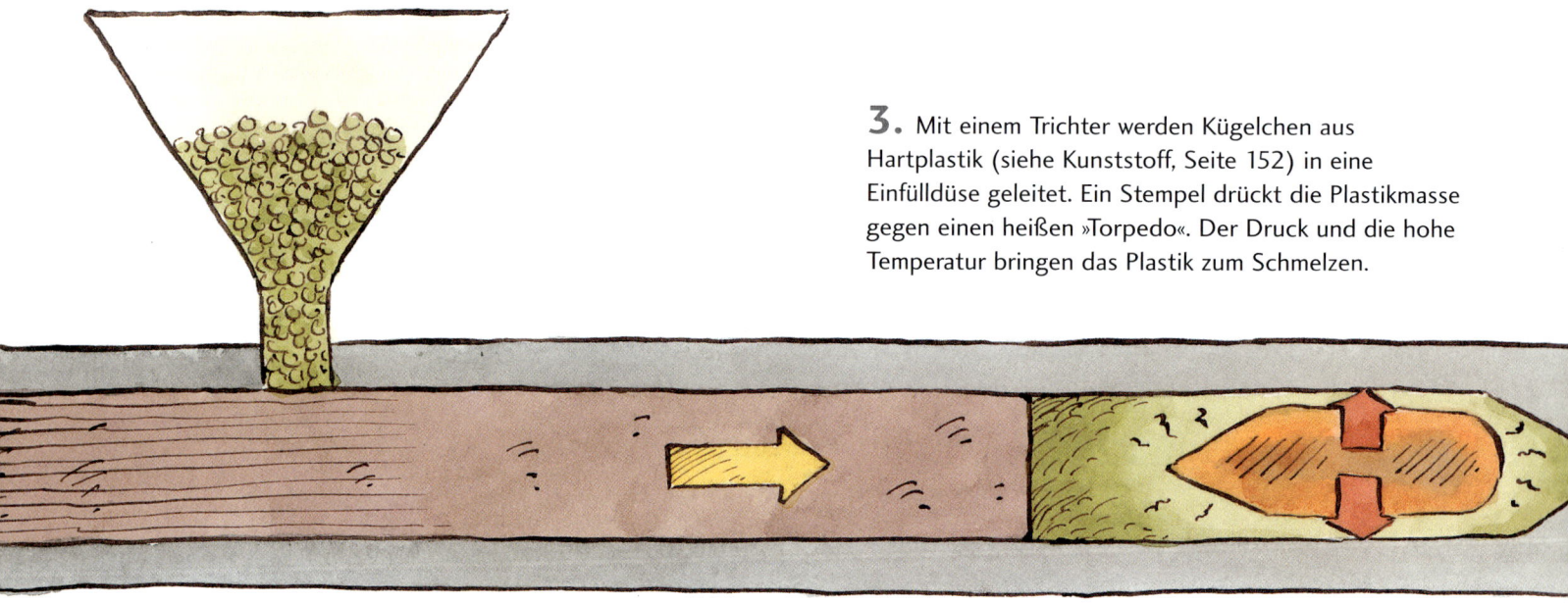

3. Mit einem Trichter werden Kügelchen aus Hartplastik (siehe Kunststoff, Seite 152) in eine Einfülldüse geleitet. Ein Stempel drückt die Plastikmasse gegen einen heißen »Torpedo«. Der Druck und die hohe Temperatur bringen das Plastik zum Schmelzen.

1. Ein Künstler entwirft den Spielzeug-Dinosaurier und ein Bildhauer formt danach ein Modell aus Ton oder Wachs mit vielen Details.

2. Das Modell bildet die Vorlage für eine Hohlform aus Metall. Sie wird nach dem Guss des Dinosauriers in zwei Teile aufgeklappt.

4. Die flüssige Plastikmasse fließt unter Druck durch eine Düse und einen Kanal in die Hohlform des Dinosauriers.

5. Die Hohlform wird mit kalter Luft oder Wasser abgekühlt und geöffnet – der Dinosaurier springt heraus. Arbeiter prüfen, ob die Figur fehlerhaft ist, schneiden überstehendes Plastik ab und bemalen die Figur.

NABELSCHNUR

Fast alle Plastikfiguren werden in Hohlformen gegossen (siehe Kasten auf Seite 153). Ist dir schon mal aufgefallen, dass am Kopf einer Figur kleine Plastikreste überstehen? An dieser Stelle ist die Plastikmasse in die Form geflossen. Ein kleiner Saum um die Figur zeigt an, wo die beiden Hälften der Hohlform zusammenstießen.

6. Der Dinosaurier wird verpackt und ausgeliefert; jetzt kann er dein Zimmer erobern.

29

Buddelschiff

Hast du schon mal versucht, Zahnpasta in die Tube zurückzudrücken? Wie schwierig muss es dann erst sein, ein Segelschiff in eine Flasche zu kriegen. Wie wird das gemacht?

Diese Frage stellten sich die Menschen schon vor rund 200 Jahren. Seit damals vertrieben sich die Seeleute an Bord die Zeit mit dem Bau von Buddelschiffen: Modellschiffe in der Flasche.

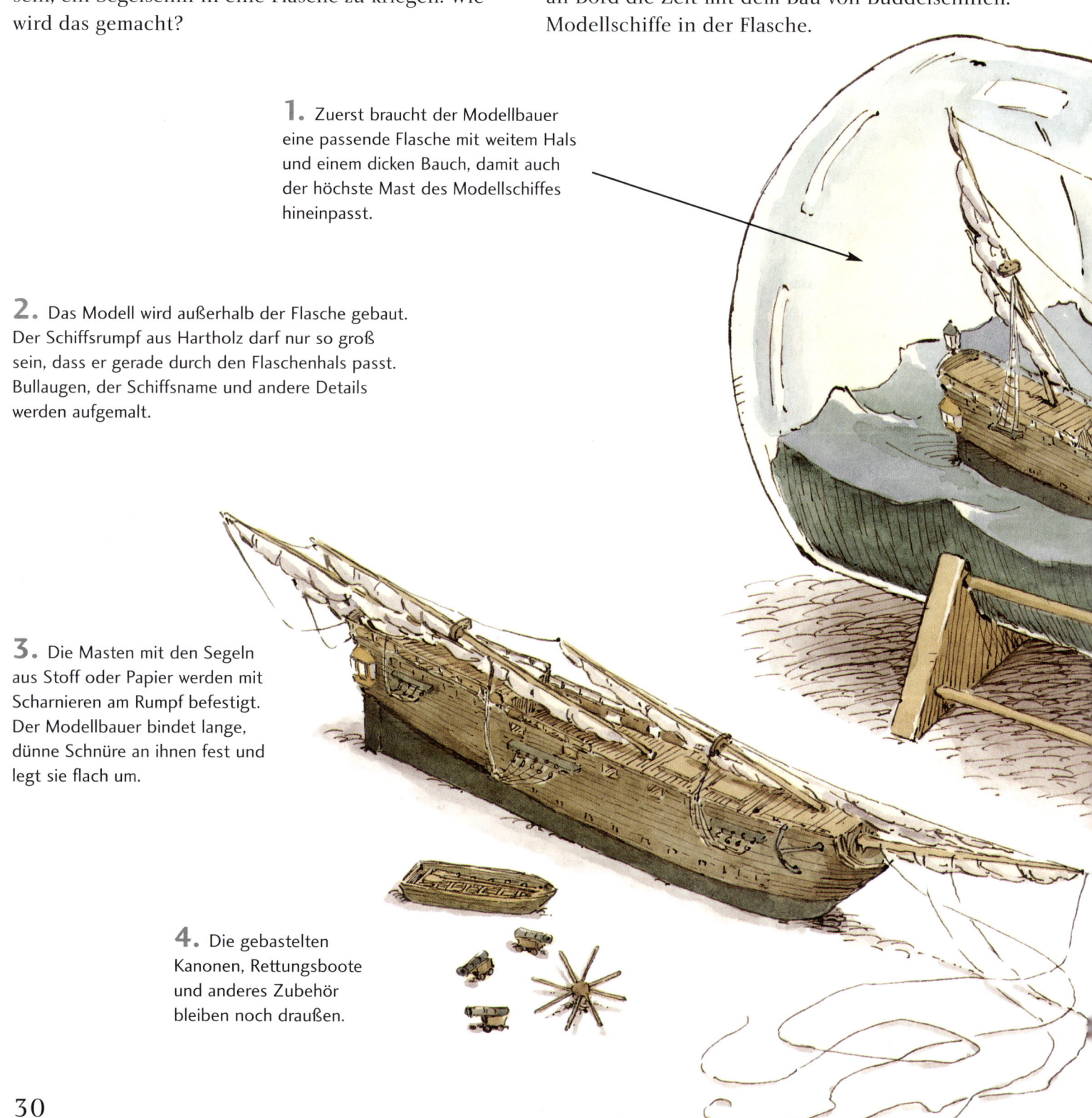

1. Zuerst braucht der Modellbauer eine passende Flasche mit weitem Hals und einem dicken Bauch, damit auch der höchste Mast des Modellschiffes hineinpasst.

2. Das Modell wird außerhalb der Flasche gebaut. Der Schiffsrumpf aus Hartholz darf nur so groß sein, dass er gerade durch den Flaschenhals passt. Bullaugen, der Schiffsname und andere Details werden aufgemalt.

3. Die Masten mit den Segeln aus Stoff oder Papier werden mit Scharnieren am Rumpf befestigt. Der Modellbauer bindet lange, dünne Schnüre an ihnen fest und legt sie flach um.

4. Die gebastelten Kanonen, Rettungsboote und anderes Zubehör bleiben noch draußen.

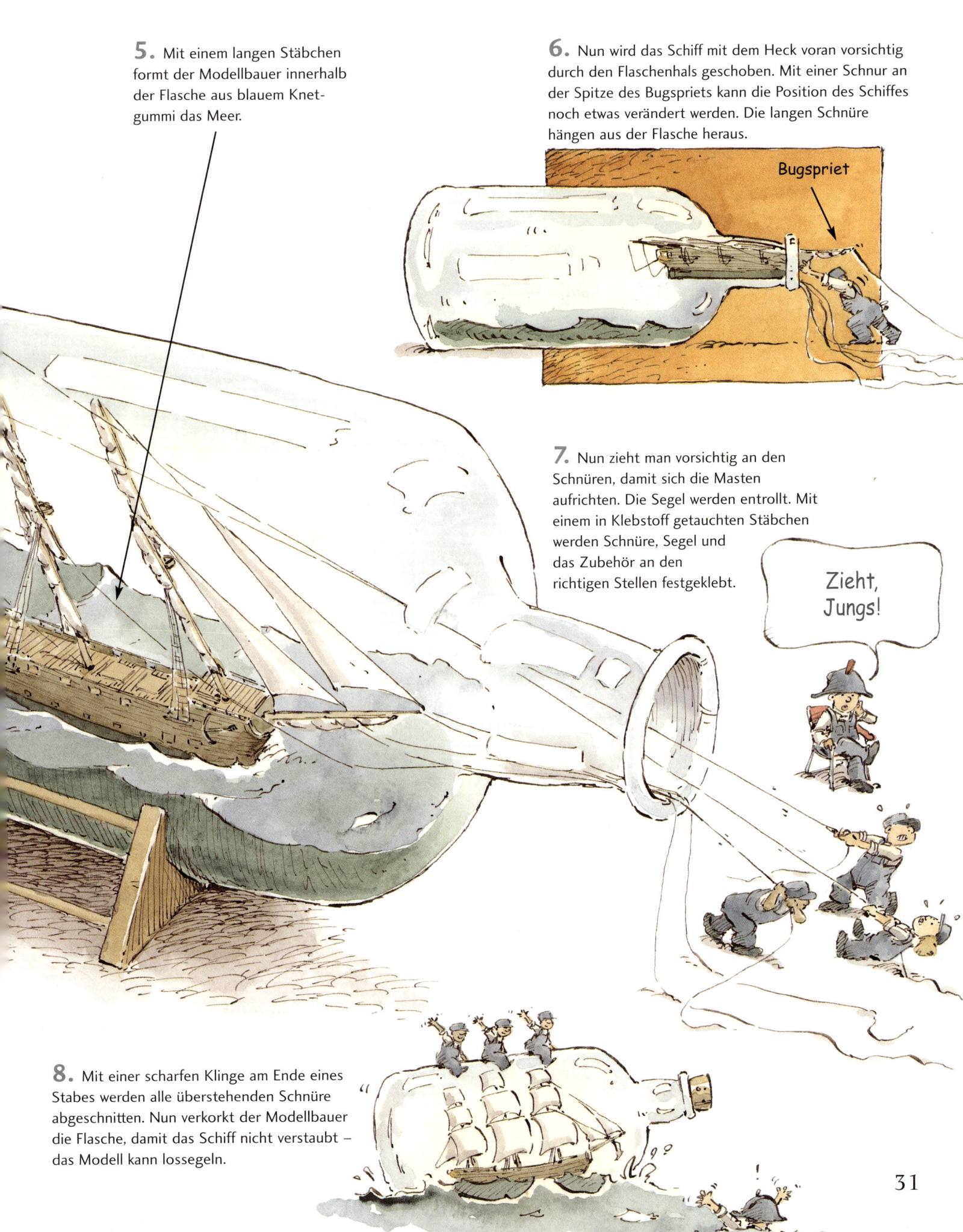

5. Mit einem langen Stäbchen formt der Modellbauer innerhalb der Flasche aus blauem Knetgummi das Meer.

6. Nun wird das Schiff mit dem Heck voran vorsichtig durch den Flaschenhals geschoben. Mit einer Schnur an der Spitze des Bugspriets kann die Position des Schiffes noch etwas verändert werden. Die langen Schnüre hängen aus der Flasche heraus.

Bugspriet

7. Nun zieht man vorsichtig an den Schnüren, damit sich die Masten aufrichten. Die Segel werden entrollt. Mit einem in Klebstoff getauchten Stäbchen werden Schnüre, Segel und das Zubehör an den richtigen Stellen festgeklebt.

Zieht, Jungs!

8. Mit einer scharfen Klinge am Ende eines Stabes werden alle überstehenden Schnüre abgeschnitten. Nun verkorkt der Modellbauer die Flasche, damit das Schiff nicht verstaubt – das Modell kann lossegeln.

31

Fußball

Fußball ist das beliebteste Spiel auf der Welt; man braucht nur einen Ball und los geht's! Allerdings haben sich das Spiel und der Ball im Laufe der Zeit immer wieder verändert. Im Mittelalter wurde mit einem mit Federn gefüllten Ball aus Schweinsleder gespielt. Jede Mannschaft versuchte den Ball durch die Kirchentür des Nachbardorfes zu schießen.

Die ersten modernen Fußbälle wurden aus acht Lederstücken zusammengenäht. Leider verloren solche Bälle nach einer Weile völlig die Form. Bälle mit 16 Lederstücken waren besser und heute nimmt man sogar 32 Stücke.
Im Profifußball bestehen die Bälle aus Kunstleder, das aus Polyurethan hergestellt wird.

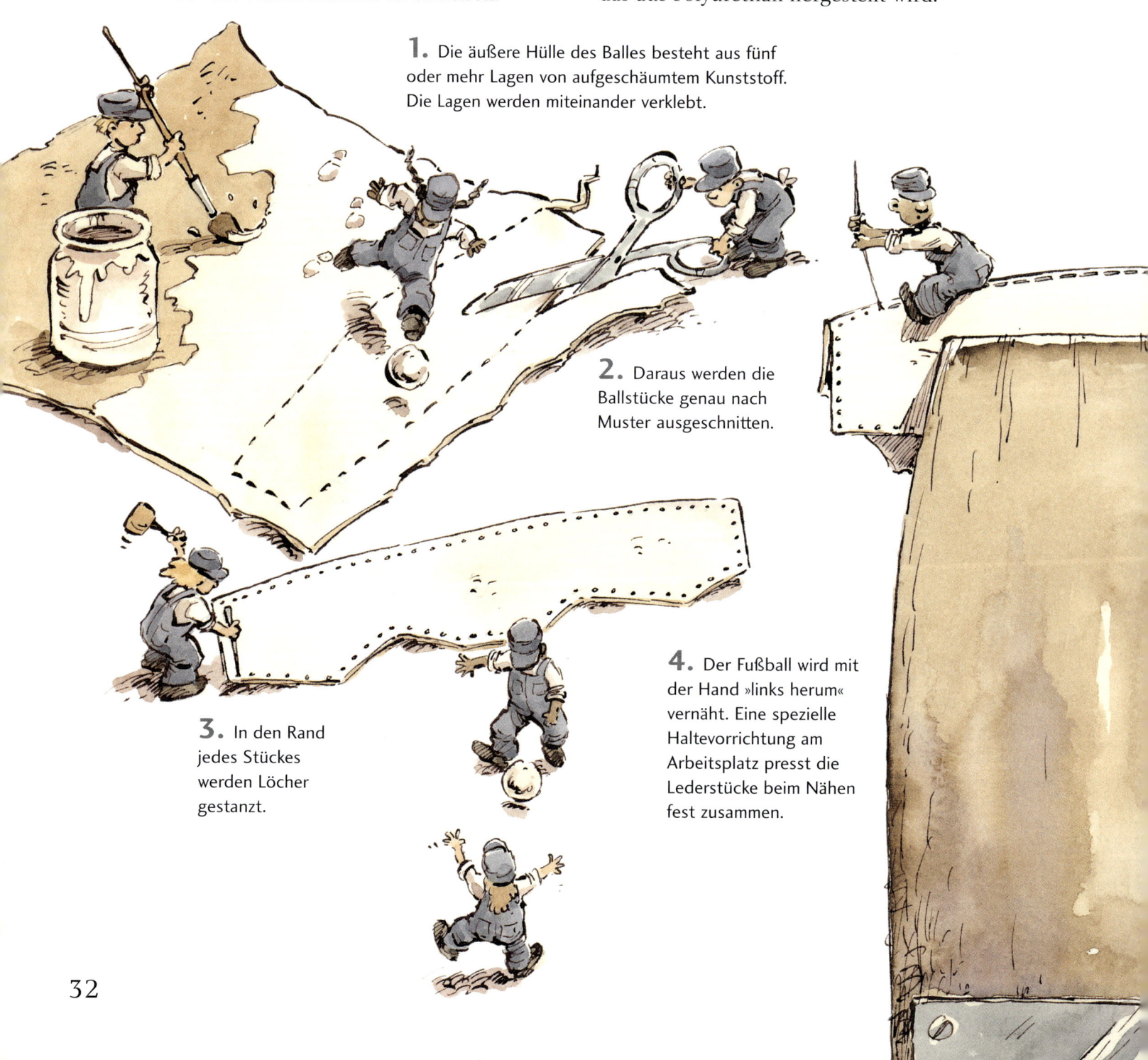

1. Die äußere Hülle des Balles besteht aus fünf oder mehr Lagen von aufgeschäumtem Kunststoff. Die Lagen werden miteinander verklebt.

2. Daraus werden die Ballstücke genau nach Muster ausgeschnitten.

3. In den Rand jedes Stückes werden Löcher gestanzt.

4. Der Fußball wird mit der Hand »links herum« vernäht. Eine spezielle Haltevorrichtung am Arbeitsplatz presst die Lederstücke beim Nähen fest zusammen.

6. Die fertigen Nähte werden mit einem Hammer platt geklopft, damit der Ball so glatt und rund wie möglich wird.

5. Der Faden besteht aus fünf verdrehten Strängen. Er ist mit Wachs eingerieben, damit er leichter durch die Löcher gleitet. An beiden Enden des Fadens sitzt eine Nadel.

7. Wenn die letzte Naht fast geschlossen ist, wird der Ball gewendet und eine Gummiblase eingeschoben. Ein gestanztes Loch in einem der Lederstücke nimmt das Ventil auf.

8. Nach dem letzten Stich wird die Qualität des Balles überprüft; dann wird er aufgepumpt.

MUTTERLAND DER KICKER

Das Fußballspiel ist schon seit Jahrhunderten bekannt, der moderne Fußball entstand jedoch erst zu Beginn des 19. Jahrhunderts in England. Damals spielte jede Schule nach eigenen Regeln, bis 1848 die ersten gültigen Fußballregeln formuliert wurden.

33

Surfbrett

Wer es kann, ist begeistert. Allerdings ist es nicht ganz leicht, auf der Krone einer Welle zu reiten! Die Bewohner von Hawaii und den Polynesischen Inseln surfen bereits seit Hunderten von Jahren. Allerdings schnitzten sie ihre schweren Surfbretter aus dem Holz von Bäumen. Heute werden Surfbretter aus viel leichterem Material hergestellt: Es schwimmt, ist aber stabil genug, um sowohl den Surfer zu tragen als auch den Wellendruck auszuhalten.
Ein gutes Surfbrett besteht aus Polyurethanschaum, der zu »Blanks« (Rohlingen) geformt und weiterverarbeitet wird.

1. Der flüssige Schaum wird in eine Zementform gefüllt und die Form erhitzt. Der Schaum bläht sich in der Wärme auf, bis er die Form ausfüllt – der Blank ist fertig.

4. Nun wird das Surfbrett mit Sägen, Hobeln und Schleifpapier in seine endgültige Form gebracht und geglättet.

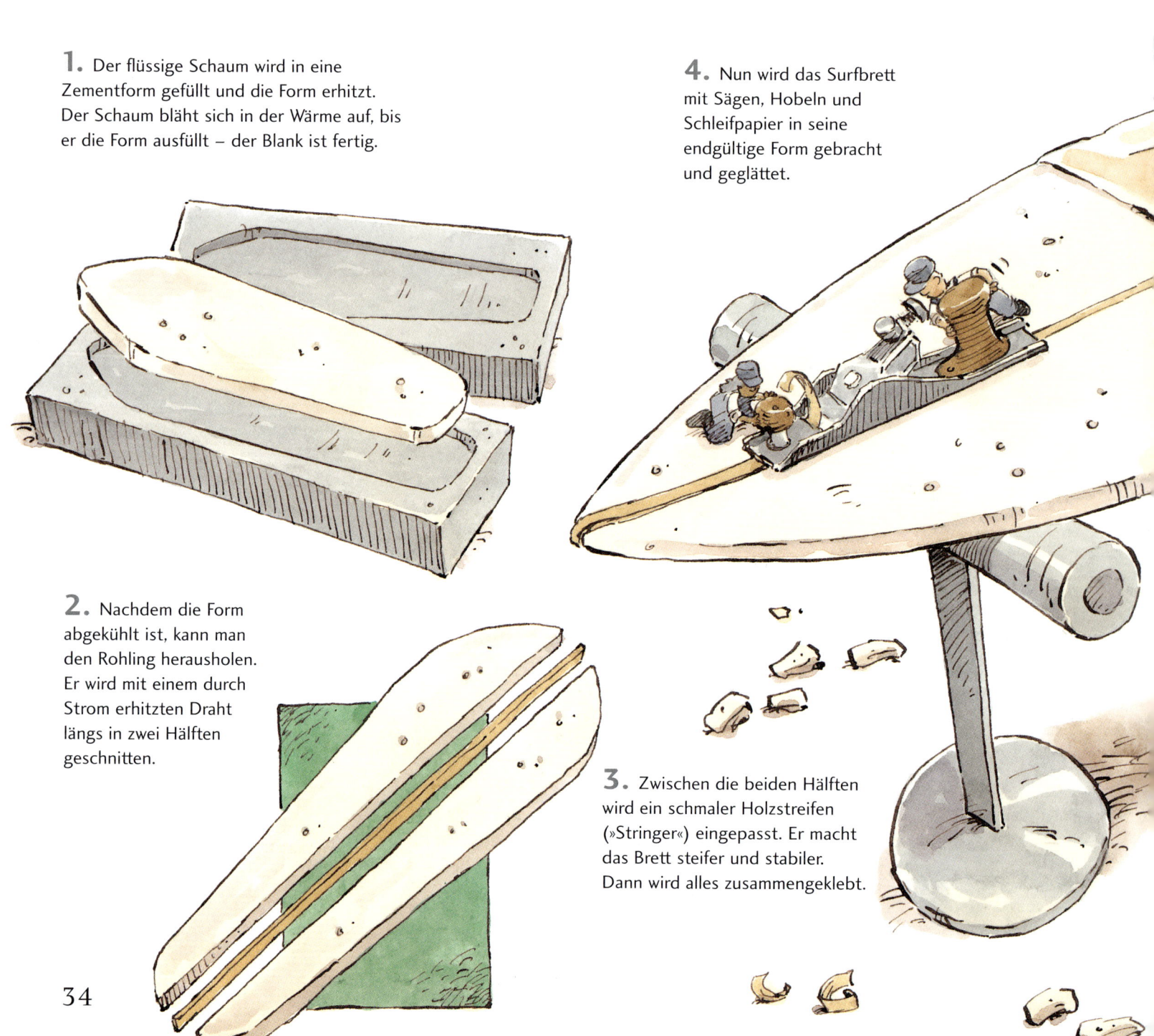

2. Nachdem die Form abgekühlt ist, kann man den Rohling herausholen. Er wird mit einem durch Strom erhitzten Draht längs in zwei Hälften geschnitten.

3. Zwischen die beiden Hälften wird ein schmaler Holzstreifen (»Stringer«) eingepasst. Er macht das Brett steifer und stabiler. Dann wird alles zusammengeklebt.

34

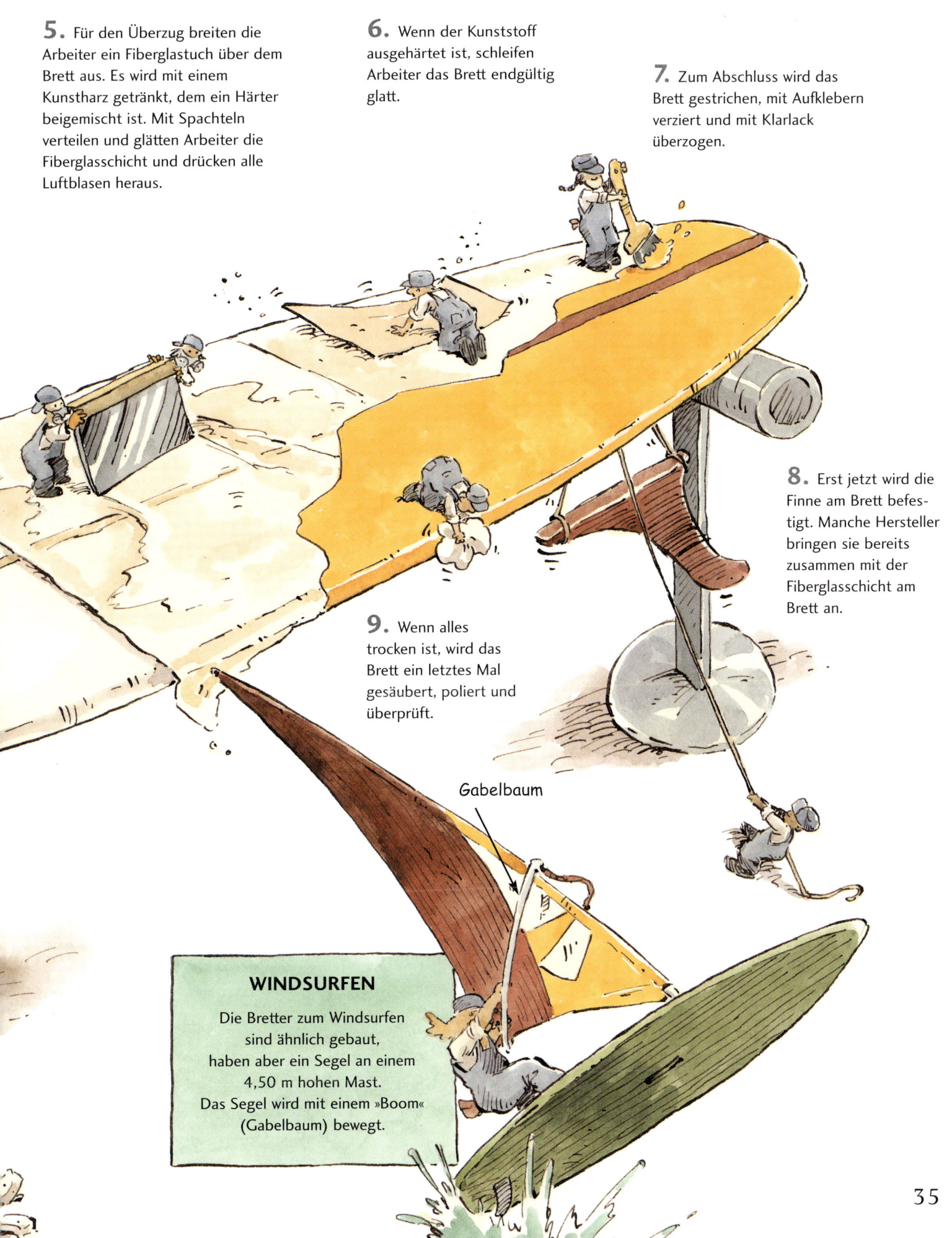

5. Für den Überzug breiten die Arbeiter ein Fiberglastuch über dem Brett aus. Es wird mit einem Kunstharz getränkt, dem ein Härter beigemischt ist. Mit Spachteln verteilen und glätten Arbeiter die Fiberglasschicht und drücken alle Luftblasen heraus.

6. Wenn der Kunststoff ausgehärtet ist, schleifen Arbeiter das Brett endgültig glatt.

7. Zum Abschluss wird das Brett gestrichen, mit Aufklebern verziert und mit Klarlack überzogen.

8. Erst jetzt wird die Finne am Brett befestigt. Manche Hersteller bringen sie bereits zusammen mit der Fiberglasschicht am Brett an.

9. Wenn alles trocken ist, wird das Brett ein letztes Mal gesäubert, poliert und überprüft.

Gabelbaum

WINDSURFEN

Die Bretter zum Windsurfen sind ähnlich gebaut, haben aber ein Segel an einem 4,50 m hohen Mast. Das Segel wird mit einem »Boom« (Gabelbaum) bewegt.

35

Teddybär

Die Erfolgsgeschichte des Teddybären begann, als der amerikanische Präsident Theodore (»Teddy«) Roosevelt im Jahr 1902 auf Bärenjagd ging. Eine Karikatur dieser Jagd in einer New Yorker Zeitung brachte den Ladenbesitzer Morris Michtom auf eine Idee: Er stellte mit seiner Frau ausgestopfte Bären aus Plüsch her. Da die Kunden seine »Teddy-Bären« liebten, gründete Mr. Michtom eine Firma:

Seine »Ideal Novelty and Toy Corporation« stellte Teddybären her.
Im gleichen Jahr entwarf auch die deutsche Firma Steiff zum ersten Mal einen Teddybär und zeigte ihn auf der Leipziger Spielzeugmesse. Seit 1906 nannten beide Firmen ihr Produkt »Teddybär« und verkauften viele Hunderttausend davon.

1. Eine Maschine stanzt die Teile für Kopf, Ohren, Körper, Beine und Arme aus Kunstfell aus.

2. Mit Industrienähmaschinen werden die Stoffstücke links herum bis auf eine kleine Öffnung vernäht. Die Körperteile werden gewendet, durch die Öffnungen ausgestopft und zusammengenäht.

3. Die Ohren werden am Kopf festgenäht und Arme und Beine bekommen Lederflecken als Pfoten. Aber noch hat der Bär kein Gesicht.

8. Manche Bären bekommen noch Schleifen oder Kleider, dann werden sie ausgeliefert und warten auf ihren neuen Besitzer.

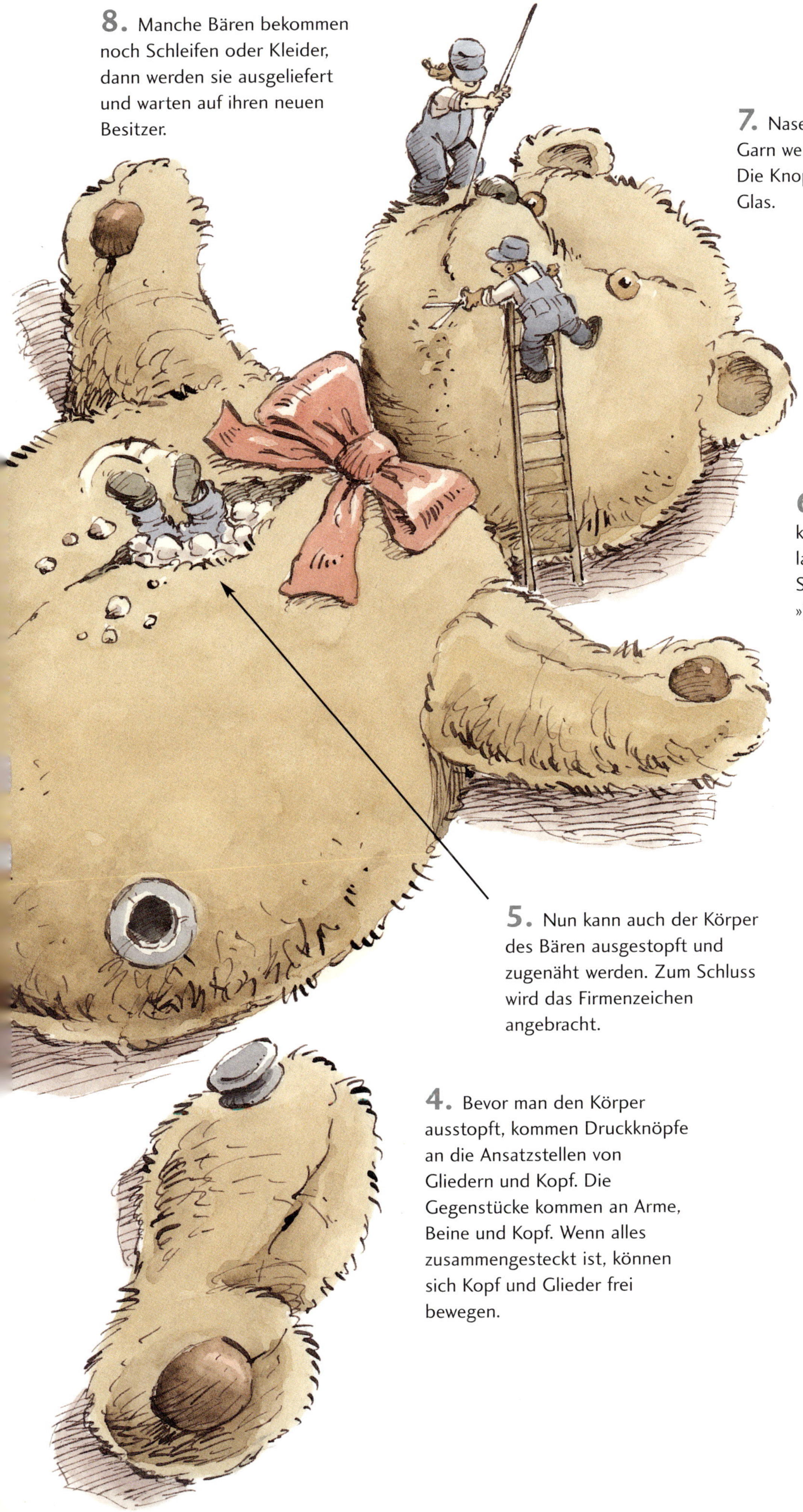

7. Nase und Mund aus Garn werden aufgestickt. Die Knopfaugen sind aus Glas.

6. Das Fell auf dem Gesicht wird kurz geschnitten und mit einer langen Nadel und Garn zu einer Schnauze gerafft: Jetzt hat der Bär »Persönlichkeit«.

5. Nun kann auch der Körper des Bären ausgestopft und zugenäht werden. Zum Schluss wird das Firmenzeichen angebracht.

4. Bevor man den Körper ausstopft, kommen Druckknöpfe an die Ansatzstellen von Gliedern und Kopf. Die Gegenstücke kommen an Arme, Beine und Kopf. Wenn alles zusammengesteckt ist, können sich Kopf und Glieder frei bewegen.

KUMPEL TEDDY

Zu Beginn des 20. Jahrhunderts nahm man seinen Teddy überallhin mit: auf Fahrradtouren, zu Partys an den Strand und sogar ins Restaurant, wo für den Teddy ein eigener Tisch mit Stühlen bereitstand.

Trillerpfeife

Englische Fußball-Schiedsrichter benutzen seit 1878 Trillerpfeifen. Bis dahin mussten sie mit einem Tuch winken, wenn sie etwas anzeigen wollten – und wurden viel zu selten beachtet.
Was laut ist, setzt sich durch. Schon bald darauf wollten auch die Londoner Polizisten solche Pfeifen haben um sich Gehör zu verschaffen. Bis dahin hatten sie nur eine Handrassel um Gesetzesbrecher auf sich aufmerksam zu machen. Trillerpfeifen sind aber auch beliebt bei Bootsfahrern, Campern, Bademeistern und anderen Menschen, die auf sich aufmerksam machen wollen.

1. Eine Maschine stanzt die drei Bestandteile einer Pfeife aus Messingblech aus (Messing ist eine Legierung aus Kupfer und Zink): Oberseite und Seiten des Pfeifenkörpers, die Unterseite und eine Lasche für den Ring und die Halteschnur.

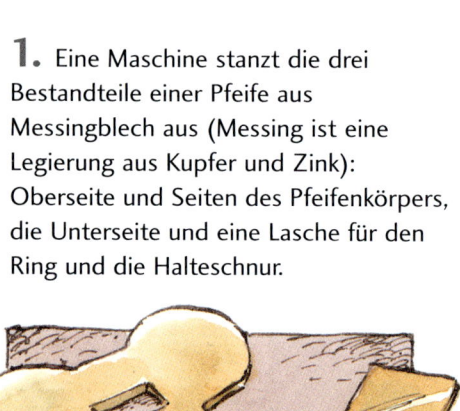

4. Die Oberfläche wird mit feinem Schmirgelpapier geglättet und dann wird eine Nickel- oder Chromschicht aufgetragen.

2. Die Oberseite und die Seiten werden in die richtige Form gebogen.

3. Eine Klammer drückt die Teile zusammen; sie werden verlötet.

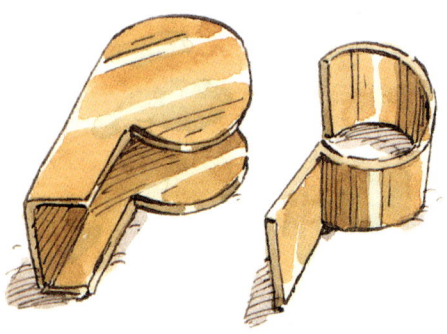

5. Eine Maschine drückt eine harte Korkkugel durch den Luftschlitz. Da sie sich im Innern der Pfeife ausdehnt, kann sie nicht mehr herausfallen.

6. Der Ring wird angebracht, manchmal auch eine Schnur, dann kann die Trillerpfeife verpackt und verkauft werden.

MUSIKALISCHE PFEIFEN?

Tatsächlich gibt es auch Messingpfeifen, die Musik machen, allerdings viel seltener als Tuba oder Trompete.

SO FUNKTIONIERT SIE

Wenn du in eine Pfeife bläst, teilt sich die Luft auf. Ein Teil der Luft strömt durch den Schlitz nach draußen, der Rest bildet Wirbel im Pfeifenkörper: Die entstehenden Schallwellen kannst du hören. Der vibrierende Ton kommt durch die Korkkugel zustande, die den Schlitz abdeckt und wieder freigibt. Eine Polizeipfeife ist fast 2 km weit zu hören.

Im Haus

Aluminiumfolie

Aluminiumfolie gibt es in fast jedem Haushalt. Sie ist ungiftig und schützt Lebensmittel, weil sie weder Licht noch Luft oder Feuchtigkeit durchlässt. Die Folie lässt sich vielseitig verwenden und wenn du sie zu einem Ball rollst, verwandelt sie sich sogar in ein wunderbares Katzenspielzeug!

Vor rund 5000 Jahren walzten die Einwohner des heutigen Nord-Irak Ton zu Platten aus. Er enthielt Aluminiumerz (siehe Aluminium, Seite 136) und ließ sich zu harten, stabilen Töpfen brennen. Natürlich konnte man darin nicht gut übrig gebliebenes Grillfleisch einwickeln. Es dauerte bis 1903, ehe in Frankreich und 10 Jahre später in den USA die biegsame Aluminiumfolie erfunden wurde. Zuerst benutzte man sie um die Beine von Wandertauben zu beringen.

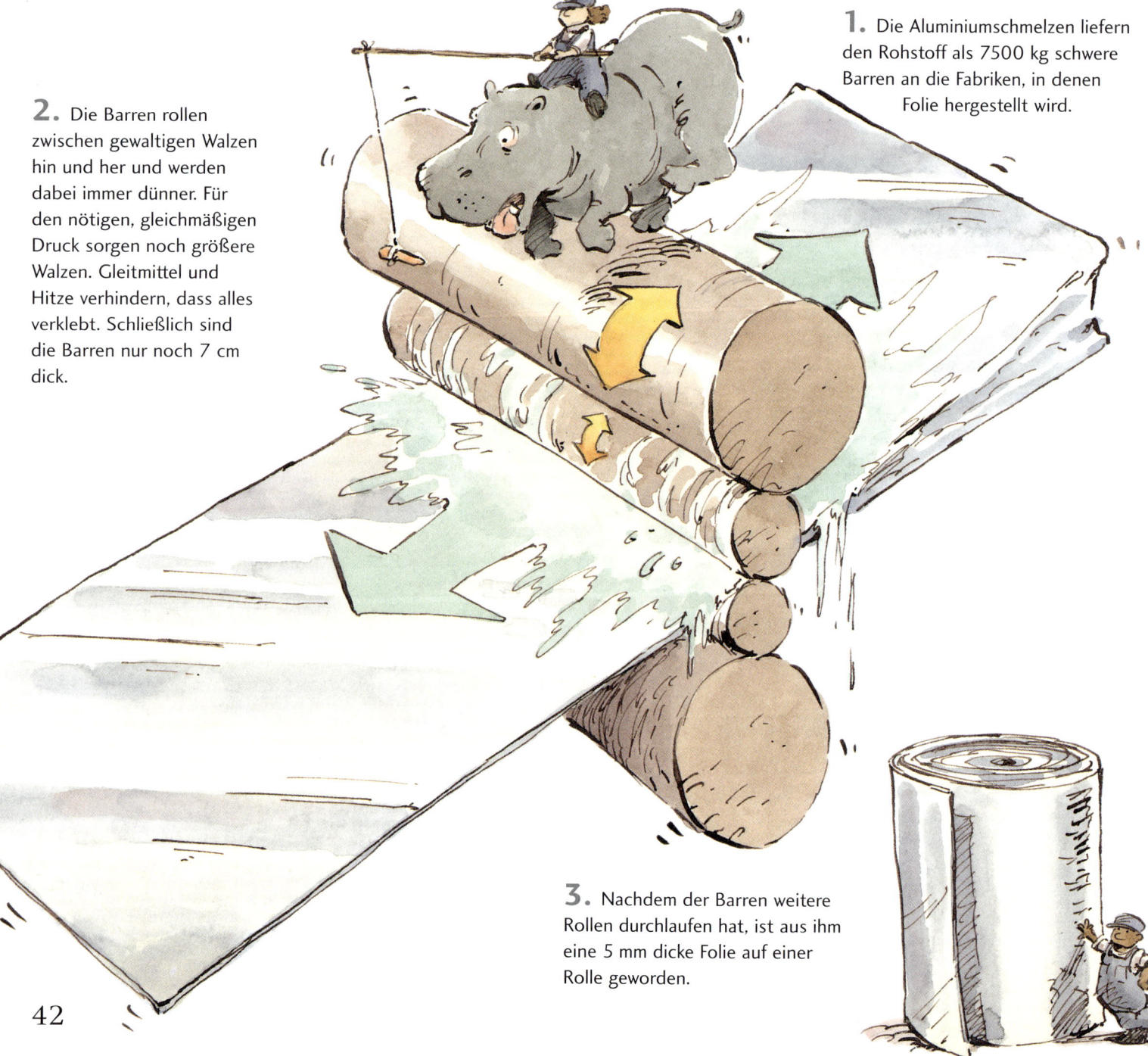

1. Die Aluminiumschmelzen liefern den Rohstoff als 7500 kg schwere Barren an die Fabriken, in denen Folie hergestellt wird.

2. Die Barren rollen zwischen gewaltigen Walzen hin und her und werden dabei immer dünner. Für den nötigen, gleichmäßigen Druck sorgen noch größere Walzen. Gleitmittel und Hitze verhindern, dass alles verklebt. Schließlich sind die Barren nur noch 7 cm dick.

3. Nachdem der Barren weitere Rollen durchlaufen hat, ist aus ihm eine 5 mm dicke Folie auf einer Rolle geworden.

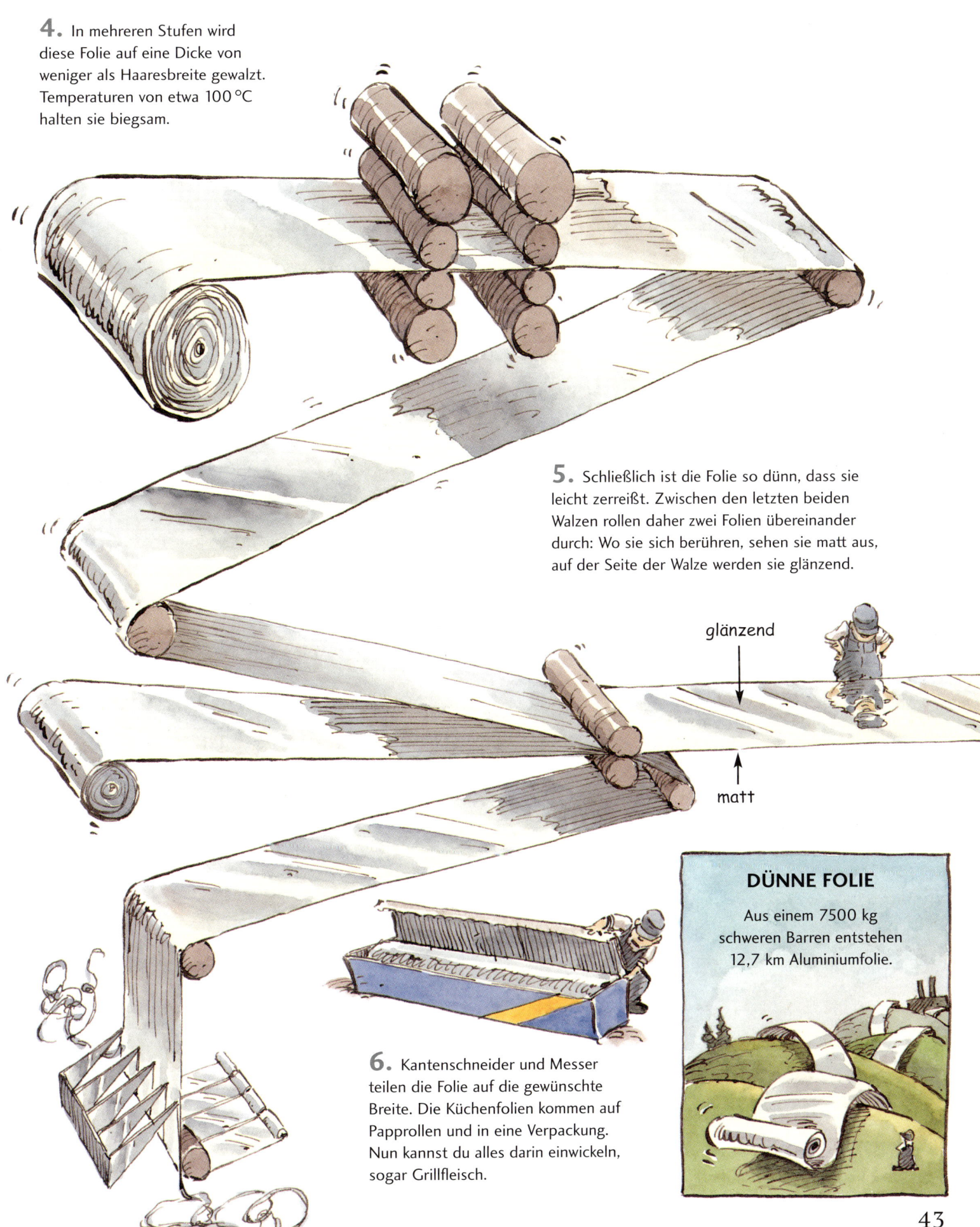

4. In mehreren Stufen wird diese Folie auf eine Dicke von weniger als Haaresbreite gewalzt. Temperaturen von etwa 100 °C halten sie biegsam.

5. Schließlich ist die Folie so dünn, dass sie leicht zerreißt. Zwischen den letzten beiden Walzen rollen daher zwei Folien übereinander durch: Wo sie sich berühren, sehen sie matt aus, auf der Seite der Walze werden sie glänzend.

glänzend

matt

DÜNNE FOLIE

Aus einem 7500 kg schweren Barren entstehen 12,7 km Aluminiumfolie.

6. Kantenschneider und Messer teilen die Folie auf die gewünschte Breite. Die Küchenfolien kommen auf Papprollen und in eine Verpackung. Nun kannst du alles darin einwickeln, sogar Grillfleisch.

Bücher

Die ältesten Bücher waren eigentlich Rollen aus Papyrus (das ist eine schilfartige Wasserpflanze), die man um einen Stab wickelte. Im Mittelalter schrieben Mönche mit der Hand auf Pergamentblätter, malten Bilder dazu und befestigten die Seiten zwischen Buchdeckeln aus Holz. Um die Mitte des 15. Jahrhunderts erfand der deutsche Drucker Johannes Gutenberg den Druck mit beweglichen Lettern. Nun konnten Bücher schneller, einfacher und preiswerter hergestellt werden. Noch heute ändert sich mit jeder neuen Technik auch die Art der Buchherstellung. Ehe ein Buch gedruckt wird, muss es erst geschrieben und korrigiert werden und das Layout muss gestaltet werden.

1. Text und Bilder eines Buches werden in den Computer übertragen und auf einen Laserdrucker übermittelt, der eine Art Negativ für jede Seite herstellt. Es dient als Vorlage für Druckplatten aus Metall. Für mehrfarbige Seiten braucht man Druckplatten in verschiedenen Farben – gewöhnlich Blau, Rot, Gelb und Schwarz.

2. Die Platten passen genau um die Walzen einer Druckerpresse. Wenn sich die Walzen drehen, werden die Platten mit einer Feuchtwalze überall dort befeuchtet, wo nicht gedruckt werden soll. Dann folgt eine Farbwalze, die nur die trockenen Bereiche der Druckplatte einfärbt.

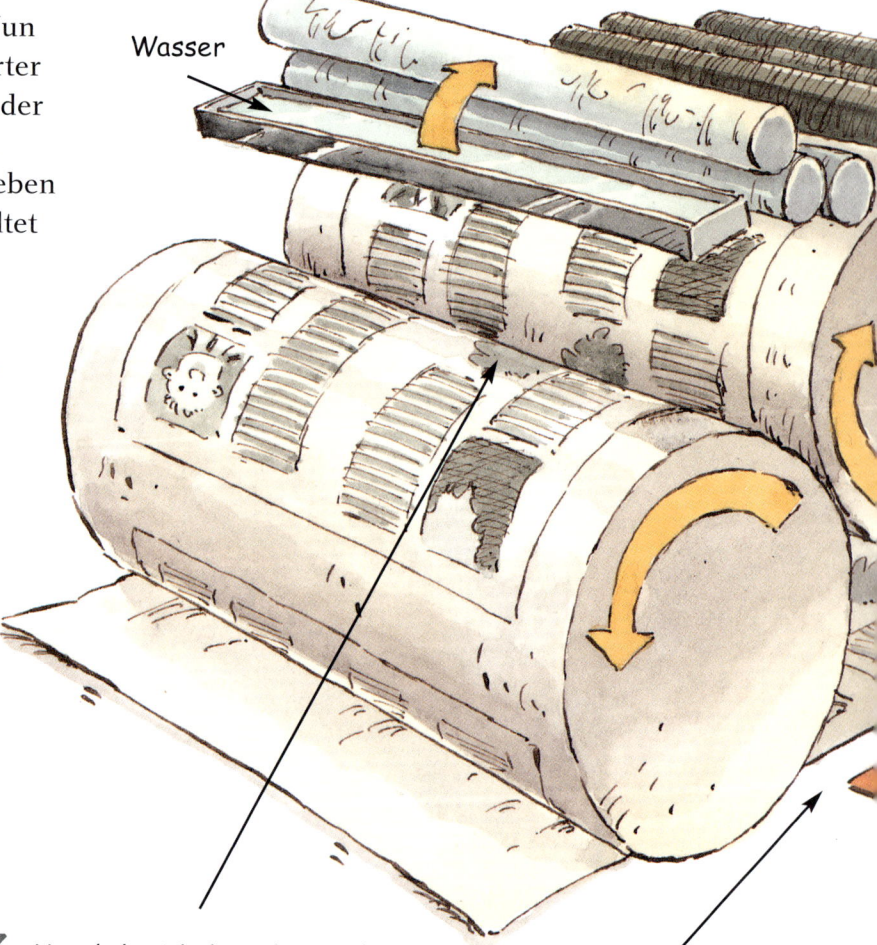

Wasser

3. Nun dreht sich die Walze mit der Druckplatte gegen eine Gummiwalze und überträgt dabei die Farbe von der Druckplatte auf das Gummi. Erst jetzt kommt das Papier ins Spiel. Es läuft an der eingefärbten Gummiwalze vorbei und nimmt die Farbe auf. Geht der Weg der Farbe von der Platte wie hier beschrieben über eine Gummiwalze auf das Papier, spricht man von Offset-Druck.

4. Das Papier läuft, wie hier, in einzelnen Bögen oder von großen Rollen durch die Druckerpresse. Zuerst wird eine Seite bedruckt und darf trocknen, dann läuft das Papier zum zweiten Mal durch die Druckerpresse und wird auf der Rückseite bedruckt.

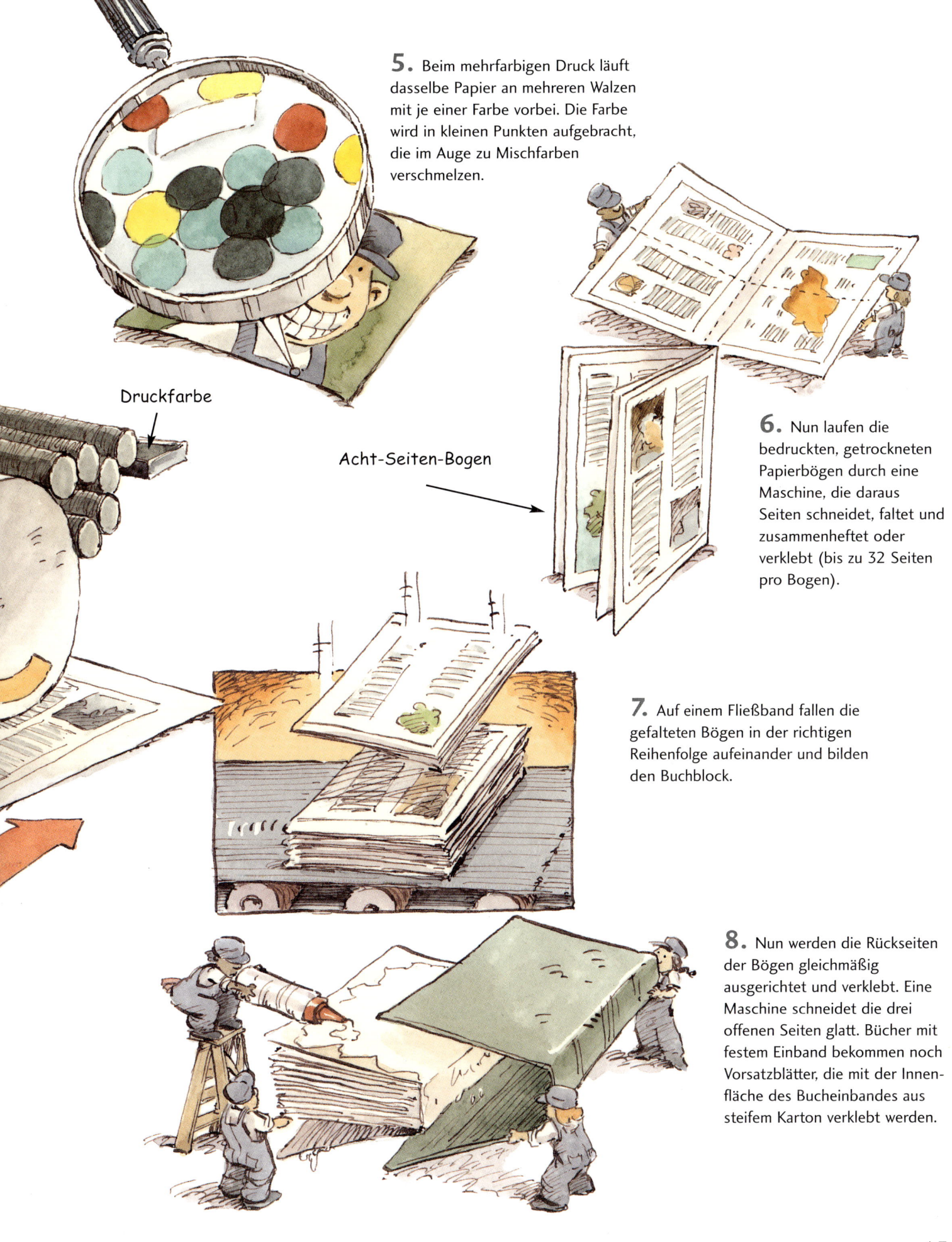

5. Beim mehrfarbigen Druck läuft dasselbe Papier an mehreren Walzen mit je einer Farbe vorbei. Die Farbe wird in kleinen Punkten aufgebracht, die im Auge zu Mischfarben verschmelzen.

Druckfarbe

Acht-Seiten-Bogen

6. Nun laufen die bedruckten, getrockneten Papierbögen durch eine Maschine, die daraus Seiten schneidet, faltet und zusammenheftet oder verklebt (bis zu 32 Seiten pro Bogen).

7. Auf einem Fließband fallen die gefalteten Bögen in der richtigen Reihenfolge aufeinander und bilden den Buchblock.

8. Nun werden die Rückseiten der Bögen gleichmäßig ausgerichtet und verklebt. Eine Maschine schneidet die drei offenen Seiten glatt. Bücher mit festem Einband bekommen noch Vorsatzblätter, die mit der Innenfläche des Bucheinbandes aus steifem Karton verklebt werden.

Katzenstreu

Bis 1948 mussten die meisten Katzen im Freien ihr Geschäft verrichten. Nur wenige glückliche Katzen besaßen eine mit Sand gefüllte Kiste. Eines Tages im Winter war der Sandhaufen von Kay Draper, einer Katzenbesitzerin aus Michigan (USA), zu Eis gefroren. Zum Glück gab es in der Nachbarschaft eine Firma, die getrocknete Tonerde (»Bleicherde«) verkaufte. Damit saugte man verschüttetes Öl oder Benzin auf.

Mrs. Draper holte sich einige Handvoll von der Bleicherde und fand heraus, dass sie sich bestens für das Katzenklo eignete. Sie informierte ihre Freunde und schon bald wollten viele die Bleicherde kaufen. Also füllte Ed Lowe, der Sohn des Firmenbesitzers, die Bleicherde in Papiersäcke ab und verkaufte sie als Katzenstreu. Der Rest ist Geschichte.

Tonschicht

1. Bagger tragen die Tonschicht in offenen Gruben ab und schaufeln sie auf Förderbänder. Sie transportieren die Erdbrocken zu großen Walzen, die sie in kleinere Stücke zerbrechen.

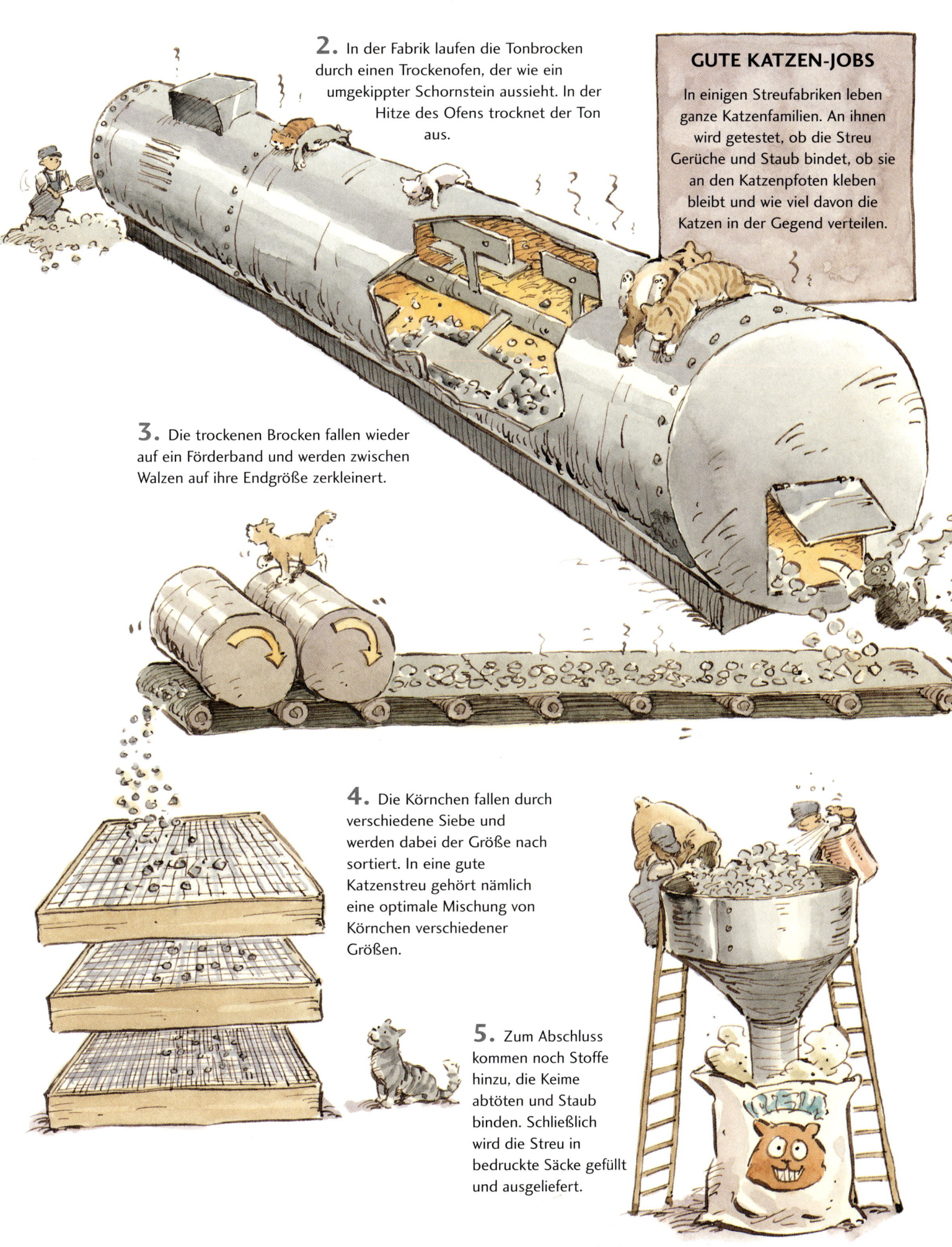

2. In der Fabrik laufen die Tonbrocken durch einen Trockenofen, der wie ein umgekippter Schornstein aussieht. In der Hitze des Ofens trocknet der Ton aus.

3. Die trockenen Brocken fallen wieder auf ein Förderband und werden zwischen Walzen auf ihre Endgröße zerkleinert.

4. Die Körnchen fallen durch verschiedene Siebe und werden dabei der Größe nach sortiert. In eine gute Katzenstreu gehört nämlich eine optimale Mischung von Körnchen verschiedener Größen.

5. Zum Abschluss kommen noch Stoffe hinzu, die Keime abtöten und Staub binden. Schließlich wird die Streu in bedruckte Säcke gefüllt und ausgeliefert.

Wachsmalstifte

Bis zum Jahr 1903 hätten Kinder nur mit schwarzen Wachsmalstiften malen können. Diese Stifte wurden hauptsächlich in Fabriken und auf Bauernhöfen benutzt um wasserfeste Striche zu machen. Kurz vorher hatte man zwar farbige Wachsmalkreiden für Künstler erfunden, aber sie waren giftig und nicht für Kinder geeignet.

Erst im Jahr 1903 gelang es der amerikanischen Firma Binney & Smith, ungiftige Wachsmalstifte aus Paraffin (siehe Erdöl, Seite 150) herzustellen. Sie waren sicher für Kinder und gut für die Schule geeignet. Heute stellt diese Firma jedes Jahr über 2 Milliarden Wachsmalstifte her. In Deutschland gibt es auch Stifte aus Bienenwachs (siehe Seite 74).

1. Das Paraffin für die Stifte stammt aus einer Fabrik und wird in warmen Tanks aufbewahrt, die fast 65 000 Liter fassen. Das flüssige Paraffin wird in erhitzte Kübel von der Größe einer Waschmaschine gepumpt.

2. Die Maschine rührt mit einer Art Paddel für jede Stiftfarbe Farbpulver in das geschmolzene Paraffin. Danach fließt das farbige Paraffin in andere Behälter mit fast 2000 Stiftformen.

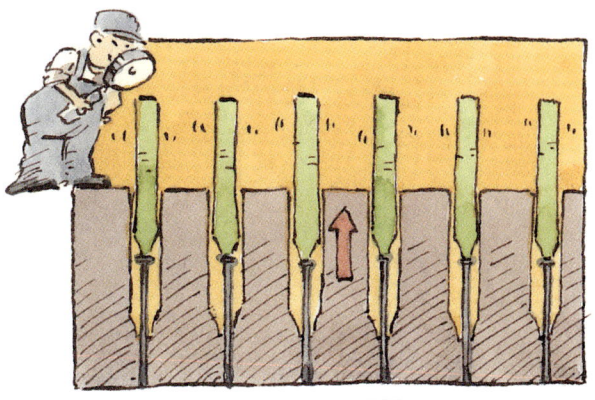

4. Metalldorne drücken die Malstifte aus den Formen in einen Behälter, wo sie auf Brüche und andere Fehler kontrolliert werden.

GLANZ UND GLITZERN

Malstifte mit Glitzereffekt enthalten spiegelnde Partikel, die dem farbigen Paraffin beigemischt werden.

3. Die Formen werden so lange mit Wasser gekühlt, bis die Stifte aushärten. Bei manchen Farben dauert es etwas länger, aber nach vier bis sieben Minuten sind alle Stifte hart.

5. Jeder Stift wird automatisch mit zwei Lagen Papier umhüllt. Die Hülle sorgt für Stabilität und ist mit Farbe und Firmennamen bedruckt.

6. Die Stifte kommen nach Farben sortiert in Füllmaschinen. Je nach Packungsgröße fallen sie in einen Pappschuber, der genau in einen bedruckten Karton passt. Jetzt können die Stifte verkauft werden.

49

Besteck

Wir schreiben das Jahr 1066. Du bist bei dem englischen König Wilhelm dem Eroberer zu Tisch geladen. Da alle Gäste ihr eigenes Besteck mitbringen, hast du deinen Dolch umgeschnallt. Du siehst zu, wie sich der König eine dicke Scheibe Fleisch vom Braten abschneidet, sie zerkleinert und sich die Stücke mit den Fingern in den Mund stopft.

Bist du schockiert? Sicher nicht, denn du kennst es nicht anders. Gabeln und moderne Tischsitten sind noch unbekannt.
Messer und Löffel benutzen die Menschen schon lange, doch Gabeln gibt es erst seit dem 15. Jahrhundert. Auf diesen Seiten zeigen wir dir, wie rostfreies Besteck hergestellt wird.

1. Aus Platten aus rostfreiem Stahl (siehe Eisen und Stahl, Seite 144) stanzen Maschinen die Rohlinge für Messer, Gabeln und Löffel.

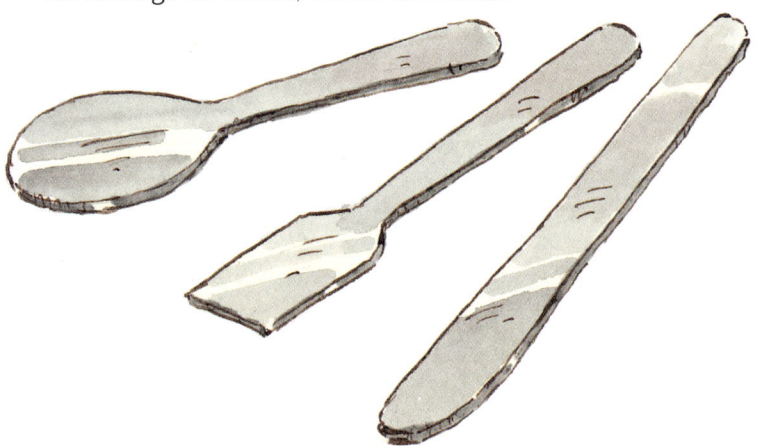

2. Die Rohlinge durchlaufen eine Reihe von Walzen, zwischen denen die einzelnen Teile auf die richtige Dicke gewalzt werden. So bleibt z. B. der Griff einer Gabel oder eines Löffels etwas dicker – er muss stabiler sein. Bei dem Walzvorgang werden die Rohlinge stark erhitzt. Sie werden »ausgeglüht«, damit der Stahl biegsam wird.

3. Jedes Teil läuft nun durch eine Stanze, die alle überflüssigen Teile abschneidet; der Abfall wird geschmolzen und wieder verwendet. Hier werden auch die Zinken der Gabel bis auf einen Steg am Ende ausgestanzt (er wird später entfernt).

dick

dünn

4. Nun kommt das Teil in eine Formpresse: Ein schweres Gewicht fällt auf das Besteck und presst es in die endgültige Form. Auf der Oberfläche prägen sich Muster ein und der Stahl wird gehärtet.

RUMMS!

Der bewegliche Teil einer Industriepresse fällt mit einer Wucht von 180 t nieder. Das ist das Gewicht von 30 Afrikanischen Elefanten, die zugleich auf einen Fleck springen.

5. Zwei weitere Schläge mit der Presse und auch der Schöpfteil des Löffels hat seine endgültige Form. Eine letzte Schneidemaschine entfernt überstehendes Metall.

6. Zum Schluss werden alle Teile geschliffen, poliert und in Besteckkästen einsortiert.

51

Zahnseide

Du liegst im Stuhl des Zahnarztes hilflos auf deinem Rücken. Das helle Licht blendet dich. Dann beugt sich der Zahnarzt über dich, schaut in deinen Mund und stellt die gefürchtete Frage: »Hast du auch Zahnseide benutzt?«

Wir alle wissen, dass die Zahnseide Nahrungsreste und Plaque entfernt – die klebrigen Beläge zwischen den Zähnen, die Zähne und Zahnfleisch angreifen. Fäden aus Baumwolle und anderen Naturstoffen zerreißen aber leicht. Also haben Forscher verschiedene Materialien entwickelt, um die Beläge von den Zähnen zu lösen, damit du sie leichter putzen kannst.

Also, hast du Zahnseide benutzt?

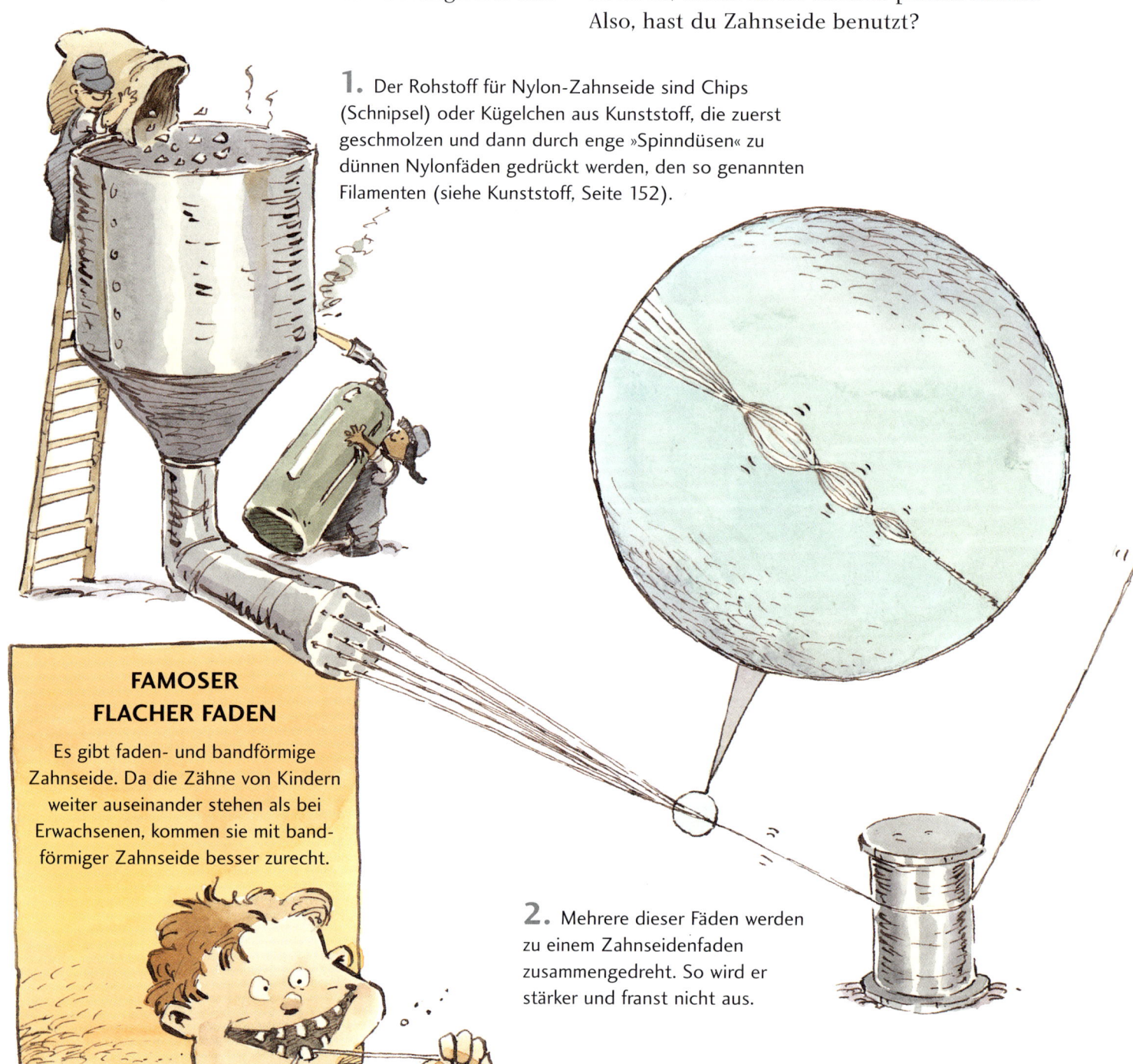

1. Der Rohstoff für Nylon-Zahnseide sind Chips (Schnipsel) oder Kügelchen aus Kunststoff, die zuerst geschmolzen und dann durch enge »Spinndüsen« zu dünnen Nylonfäden gedrückt werden, den so genannten Filamenten (siehe Kunststoff, Seite 152).

FAMOSER FLACHER FADEN

Es gibt faden- und bandförmige Zahnseide. Da die Zähne von Kindern weiter auseinander stehen als bei Erwachsenen, kommen sie mit bandförmiger Zahnseide besser zurecht.

2. Mehrere dieser Fäden werden zu einem Zahnseidenfaden zusammengedreht. So wird er stärker und franst nicht aus.

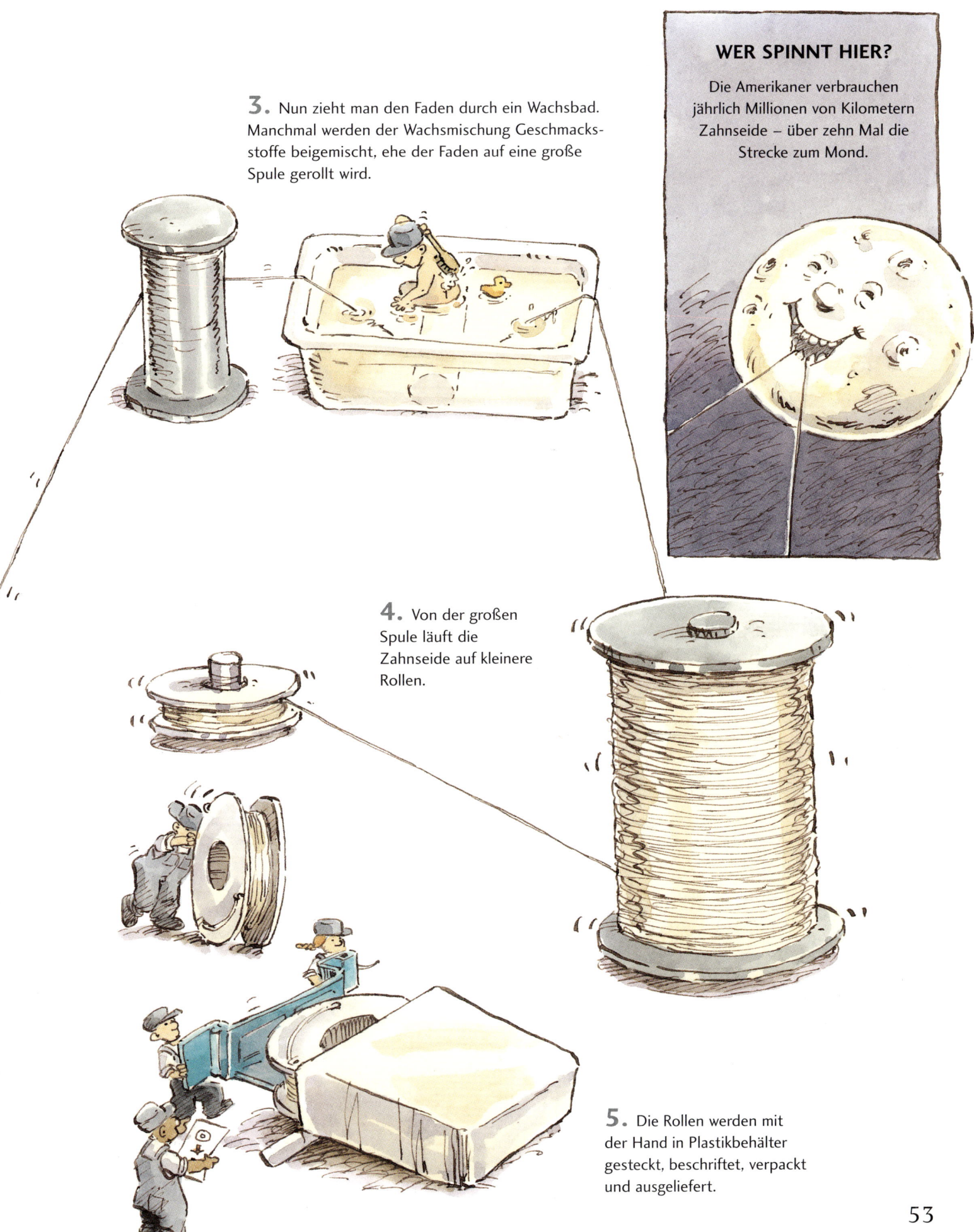

3. Nun zieht man den Faden durch ein Wachsbad. Manchmal werden der Wachsmischung Geschmacksstoffe beigemischt, ehe der Faden auf eine große Spule gerollt wird.

4. Von der großen Spule läuft die Zahnseide auf kleinere Rollen.

5. Die Rollen werden mit der Hand in Plastikbehälter gesteckt, beschriftet, verpackt und ausgeliefert.

Trockenfutter

Wenn du deinen Hund oder deine Katze selbst einkaufen ließest, welches Futter würden sie kaufen? Natürlich holen weder Rex noch Mohrchen ihr Futter aus dem Regal, aber sie könnten dir eine Menge Tipps geben. Seit etwa 1980 entscheiden sich immer mehr Menschen für trockenes Fertigfutter, Hundekuchen und -kekse. Das liegt vor allem daran, dass viele Experten warnen, zu weiches Futter schade dem Zahnfleisch der Tiere.

Ob Trockenfutter oder Futter in Dosen – hergestellt wird es sehr ähnlich.

1. In der Fleischfabrik trennt man Fett und Wasser vom Fleisch ab, sodass nur noch die Proteine übrig bleiben. Das getrocknete Protein wird in großen Brocken zur Fabrik für Tiernahrung gebracht und dort in kleinere Stücke zerteilt.

2. Das so vorbereitete Fleisch wird in großen Töpfen gekocht und zu einer glatten Masse zermahlen.

3. In großen Mixern fügt man Vitamine, Sojabohnen, Mais-mehl, Stärke, Geschmacksstoffe und Wasser hinzu.

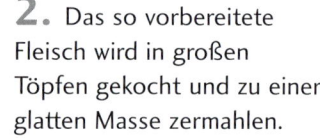

54

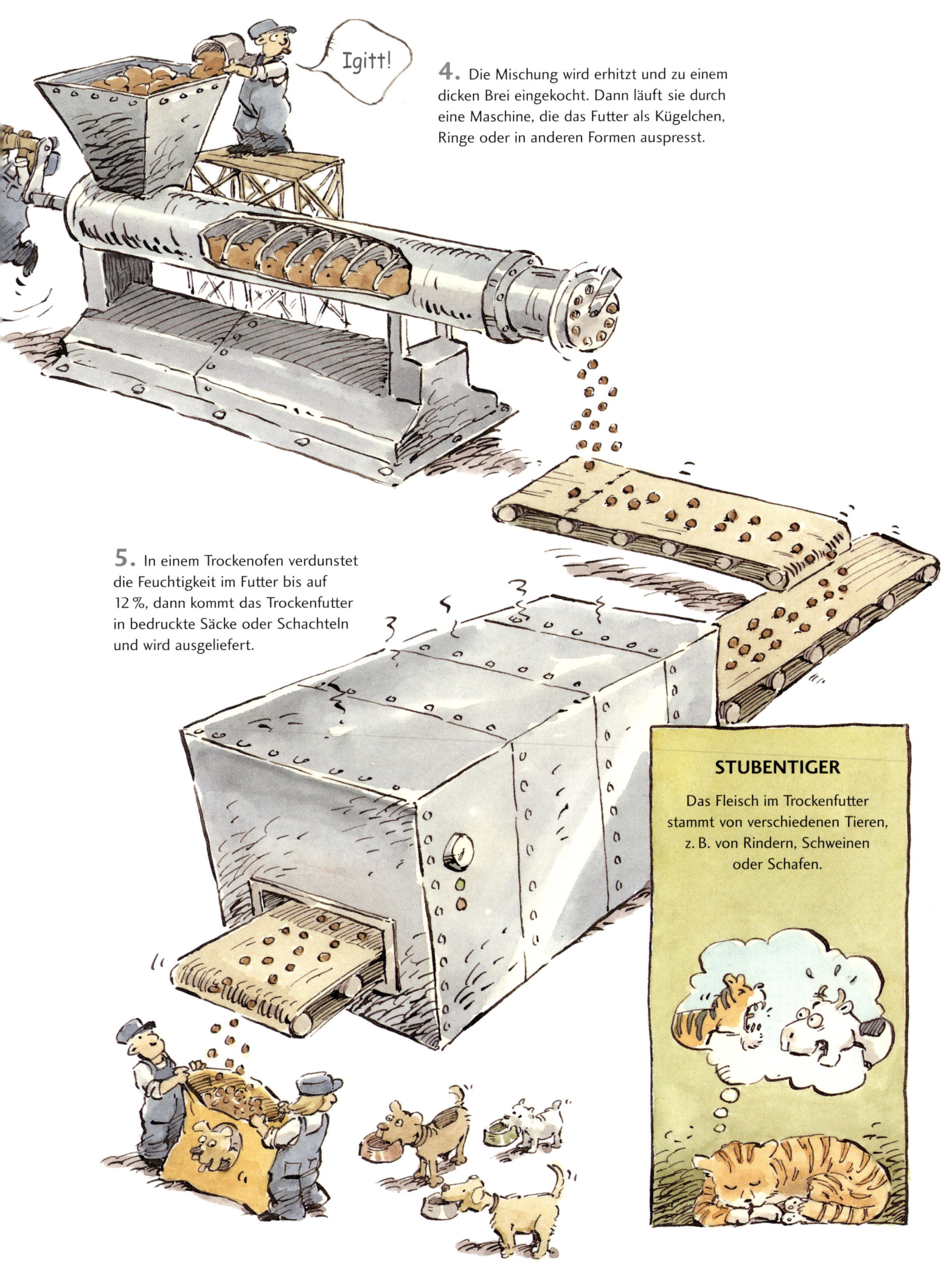

4. Die Mischung wird erhitzt und zu einem dicken Brei eingekocht. Dann läuft sie durch eine Maschine, die das Futter als Kügelchen, Ringe oder in anderen Formen auspresst.

Igitt!

5. In einem Trockenofen verdunstet die Feuchtigkeit im Futter bis auf 12 %, dann kommt das Trockenfutter in bedruckte Säcke oder Schachteln und wird ausgeliefert.

STUBENTIGER

Das Fleisch im Trockenfutter stammt von verschiedenen Tieren, z. B. von Rindern, Schweinen oder Schafen.

Radiergummi

Bleistifte sind seit Anfang des 17. Jahr-
hunderts bekannt (siehe Bleistifte, Seite 62).
Wollte man damals einen Fehler ausradieren,
ging das am besten mit einem Stück Brot!
Rund 100 Jahre später entdeckte der
Engländer Joseph Priestley, dass man mit
Gummi, einer neuen Substanz, die man aus
dem Milchsaft des südamerikanischen
Kautschukbaums herstellte, wunderbar

Bleistiftstriche entfernen konnte.
Der Radiergummi war erfunden! Am
praktischsten ist natürlich ein
Radiergummi, der gleich hinten am
Bleistift sitzt.
Heute können wir zwar mit der »Entfernen«-Taste am Computer Fehler
löschen, aber Bleistifte – und Radiergummis – brauchen wir immer noch.

1. Radiergummis gibt es aus synthetischem
Gummi oder aus Naturkautschuk (siehe Gummi,
Seite 156). Synthetischer Gummi wird in Form von
Pulver oder Flüssigkeit geliefert. Der natürliche
Kautschuk wird als Platten geliefert und muss
zuerst zerkleinert oder aufgelöst werden.

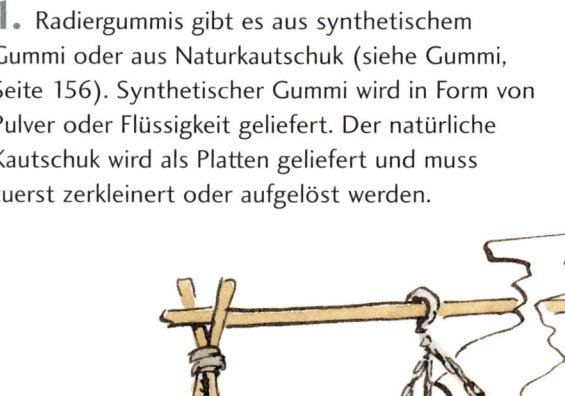

3. Wenn die Masse erhitzt
wird, verbindet sich der Schwefel
mit dem Gummi und macht ihn
härter und haltbarer.

2. Der Gummi wird mit gemahlenem
Bimsstein (er macht ihn rauer), Eisenoxid
(rosa Farbe), Pflanzenöl, Schwefel und
anderen Stoffen vermischt.

4. Das weiche, noch immer warme Material wird durch eine enge Düse zu einer langen Wurst gepresst. Messer schneiden die »Wurst« in kurze Stücke. Nachdem sie abgekühlt sind, gehen sie weiter an die Bleistifthersteller.

SCHRECKLICHE RADIERER

Viele Menschen sind misstrauisch gegenüber neuen Erfindungen. Als die ersten Bleistifte mit Radierer auf den Markt kamen, dachten Lehrer und Eltern, dass die Schüler nun nachlässig würden. Immerhin konnten sie ihre Fehler wieder ausradieren.

5. Natürlich gibt es auch flache Radiergummis. Dafür fließt die Gummimischung in entsprechende Formen. Nach dem Abkühlen lassen sich die Formen öffnen und die Radiergummis sind fertig (siehe Kasten auf Seite 153, Kunststoff).

57

Streichhölzer

Spiel nicht mit Streichhölzern!«, ist ein guter Tipp – der englische Chemiker John Walker hielt sich aber nicht daran. Zusammen mit anderen Forschern suchte er 1827 nach einem schnellen, sicheren Weg, ein erloschenes Feuer wieder anzuzünden. Walker probierte mehrere Möglichkeiten aus und erfand schließlich die Streichhölzer. Leider ließen sie sich nur schwer entflammen.

Fünf Jahre später wurden in Deutschland die »Überallhölzer« mit hellen, phosphorhaltigen Zündköpfen erfunden. Allerdings entzündeten sie sich tatsächlich überall und zu leicht: Zahlreiche Brände waren die Folge. Außerdem erkrankten die Arbeiter, die mit dem weißen Phosphor umgehen mussten. Schließlich erfanden die Schweden 1855 die »Sicherheitszündholzer« mit rotem Phosphor. Sie gingen nur in Flammen auf, wenn man sie über eine spezielle Oberfläche rieb, und griffen die Gesundheit der Menschen nicht an.

1. Eine Maschine entfernt die Rinde der Baumstämme (Kiefern oder Espen), eine andere schält dünne Streifen Holz ab, die Furnier genannt werden.

4. Die Streichhölzer werden auf ein Fließband übertragen, das sie in senkrechter Position hält. Das Band läuft über mehrere Bottiche mit verschiedenen Inhaltsstoffen, die das Ende der Hölzchen überziehen.

5. Im ersten Bottich ist Paraffin; es brennt gut und überträgt die Zündungsflamme auf das hölzerne Stäbchen.

BÄÄH!

Der merkwürdige Geruch beim Zünden eines Streichholzes stammt von den Chemikalien im Köpfchen: Schwefel, tierische Klebstoffe, Kolophonium und Farbstoffe.

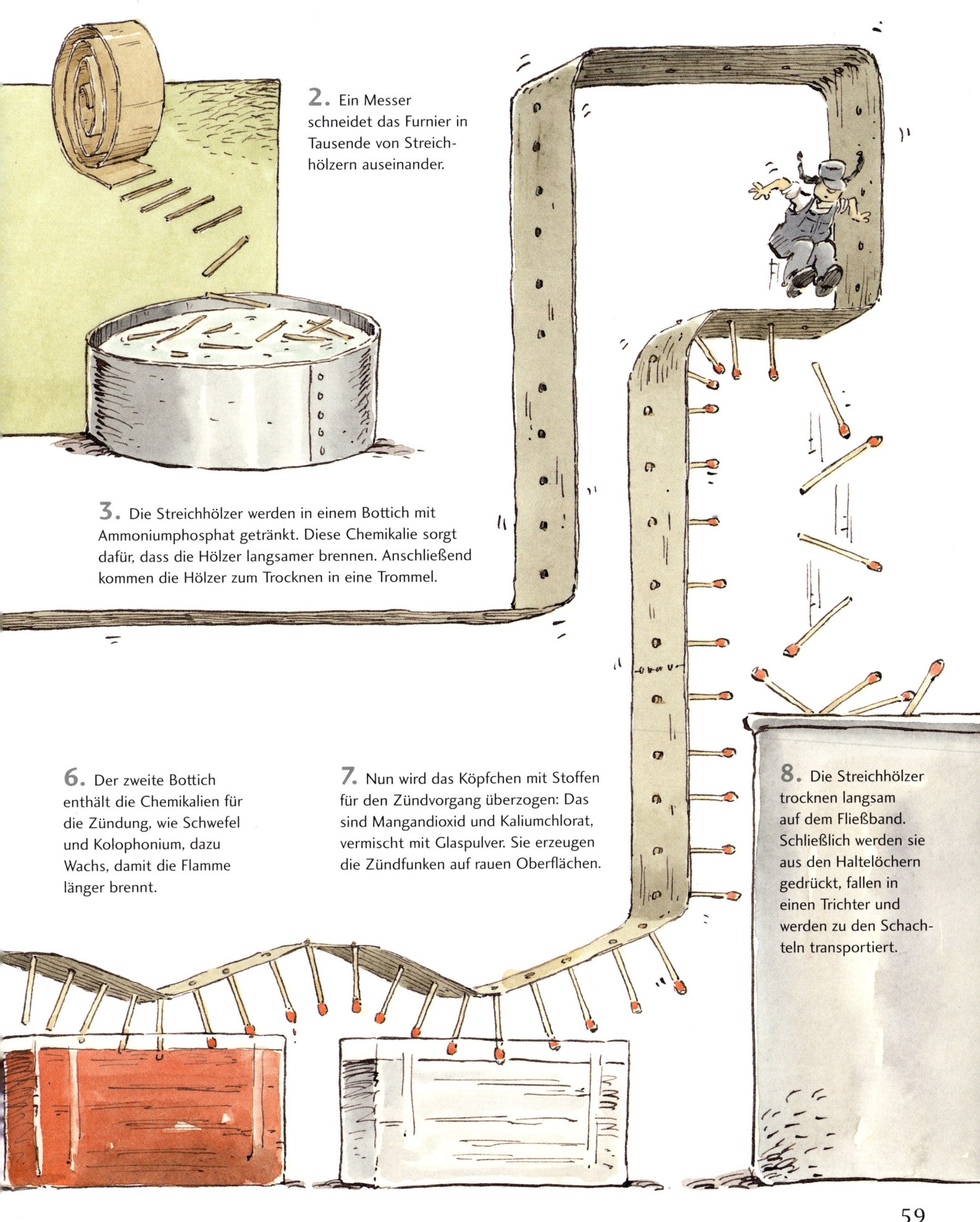

2. Ein Messer schneidet das Furnier in Tausende von Streichhölzern auseinander.

3. Die Streichhölzer werden in einem Bottich mit Ammoniumphosphat getränkt. Diese Chemikalie sorgt dafür, dass die Hölzer langsamer brennen. Anschließend kommen die Hölzer zum Trocknen in eine Trommel.

6. Der zweite Bottich enthält die Chemikalien für die Zündung, wie Schwefel und Kolophonium, dazu Wachs, damit die Flamme länger brennt.

7. Nun wird das Köpfchen mit Stoffen für den Zündvorgang überzogen: Das sind Mangandioxid und Kaliumchlorat, vermischt mit Glaspulver. Sie erzeugen die Zündfunken auf rauen Oberflächen.

8. Die Streichhölzer trocknen langsam auf dem Fließband. Schließlich werden sie aus den Haltelöchern gedrückt, fallen in einen Trichter und werden zu den Schachteln transportiert.

Spiegel

Beim Kämmen ist ein Spiegel sehr nützlich. Aber nicht nur dafür: Spiegel in Mikroskopen helfen dabei, kleinste Krankheitskeime aufzuspüren, und die Spiegel der großen Teleskope zeigen uns die Sterne und Planeten des Weltalls.

Ein Spiegel besteht aus einer glatten Oberfläche vor einem glänzenden, dunklen Hintergrund. Die ersten Spiegel wurden aus poliertem Metall hergestellt. Nach der Erfindung von Glas wurden die Spiegel besser und ihre Herstellung billiger. Für den Spiegeleffekt sorgt eine dünne Metallauflage. Moderne Spiegel werden am Fließband gefertigt.

VERZERRT

Im 17. Jahrhundert überzogen die Spiegelmacher erstmals Glasplatten mit Silber. Allerdings waren diese Gläser oft verzogen oder gewellt. Wer diese Spiegel benutzte, sah aus wie in einem Zerrspiegel auf der Kirmes.

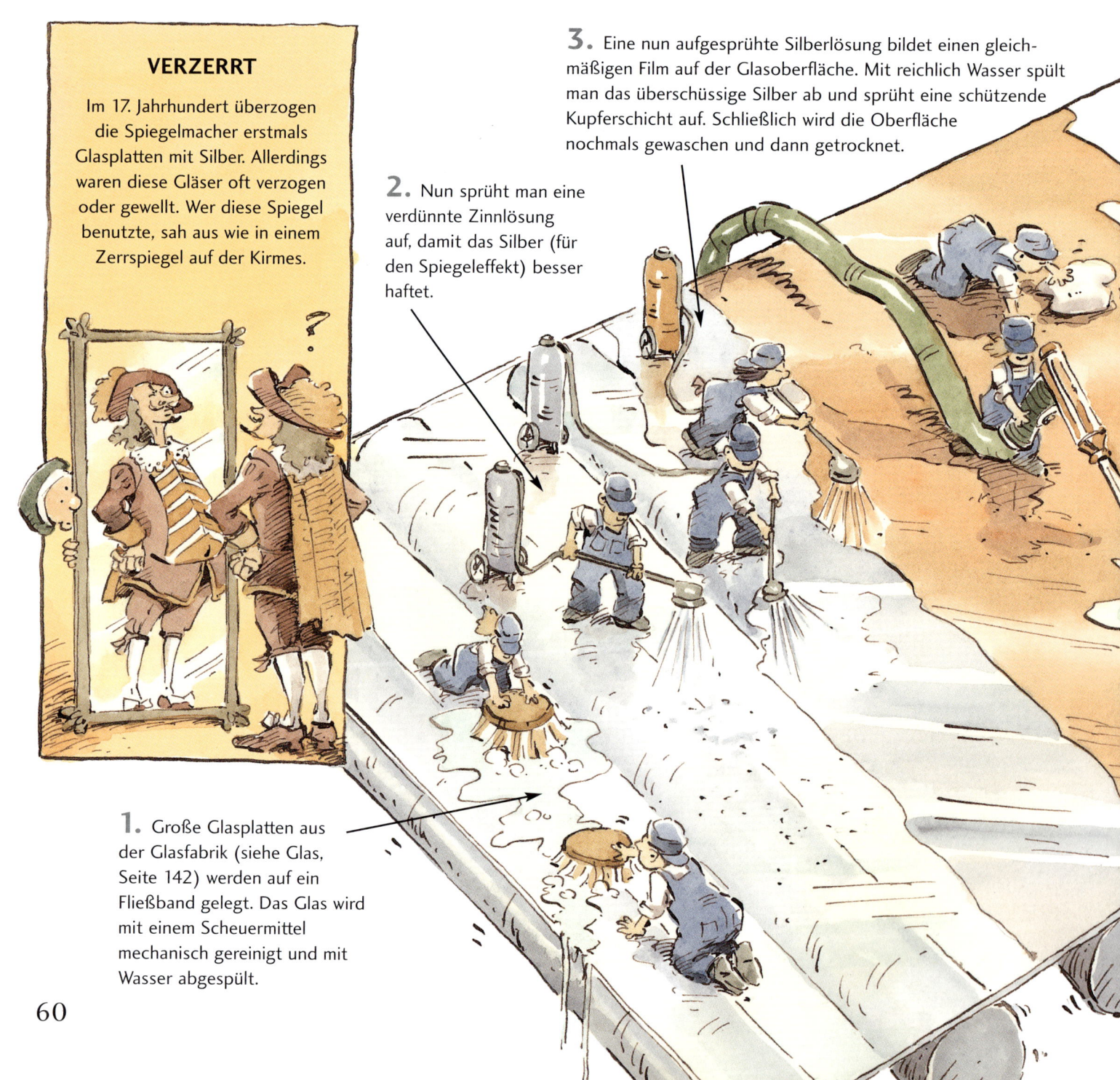

2. Nun sprüht man eine verdünnte Zinnlösung auf, damit das Silber (für den Spiegeleffekt) besser haftet.

3. Eine nun aufgesprühte Silberlösung bildet einen gleichmäßigen Film auf der Glasoberfläche. Mit reichlich Wasser spült man das überschüssige Silber ab und sprüht eine schützende Kupferschicht auf. Schließlich wird die Oberfläche nochmals gewaschen und dann getrocknet.

1. Große Glasplatten aus der Glasfabrik (siehe Glas, Seite 142) werden auf ein Fließband gelegt. Das Glas wird mit einem Scheuermittel mechanisch gereinigt und mit Wasser abgespült.

6. In der Endkontrolle wird die Vorderseite des Spiegels unter sehr hellem Licht geprüft. Dann wird er verpackt und an die Geschäfte geliefert.

5. Der Spiegel läuft auf Rollen durch ein Bad mit schwacher Säure. Die Säure entfernt Reste von Metall und Farbe vom Spiegelglas.

4. Den Abschluss bildet eine schützende Farbschicht. Sie wird mit Hilfe von Hitze getrocknet. Dann wird der Spiegel abgekühlt.

61

Bleistifte

Vermutlich bestand der erste Stift aus einem Stück Holzkohle, mit dem ein Steinzeitmensch auf eine Höhlenwand zeichnete. Die Griechen und Römer der Antike zeichneten dann mit echtem Blei. Etwa um 1564 entdeckten Bergleute in Borrowdale (im Nordwesten von England) eine weiche, glänzende Substanz, die dunklere Striche machte als Blei. Sie nannten es »schwarzes Blei«. Wenn es in Stäbchen geschnitten und mit Schnur umwickelt wurde, konnte man damit hervorragend zeichnen.

Erst 1779 erkannten die Forscher, dass diese Substanz nicht etwa Blei war, sondern eine besonders reine Form von Kohlenstoff – verwandt mit Kohle und Diamanten. Obwohl sie den Stoff Grafit nannten, benutzen wir heute noch den Begriff Bleistift.

1. Grafit wird zu Pulver zerstoßen und mit Ton, Wasser und anderen Stoffen vermischt, wie Wachs und Chemikalien.

HÄRTEGRADE

Je mehr Grafit eine Bleistiftmine enthält, desto weicher ist der Strich. Durch Zugabe von Ton wird er härter. Bleistifte mit der Härte 4B sind besonders weich und 4H sehr hart. HB-Bleistifte liegen etwa in der Mitte und eignen sich daher für die meisten Zwecke.

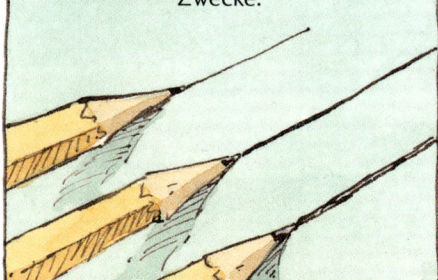

2. Eine Presse drückt das Grafitgemisch durch eine enge Öffnung. Heraus kommt eine endlose Grafitmine. Sie wird auf Bleistiftlänge in Stäbchen zerschnitten und getrocknet.

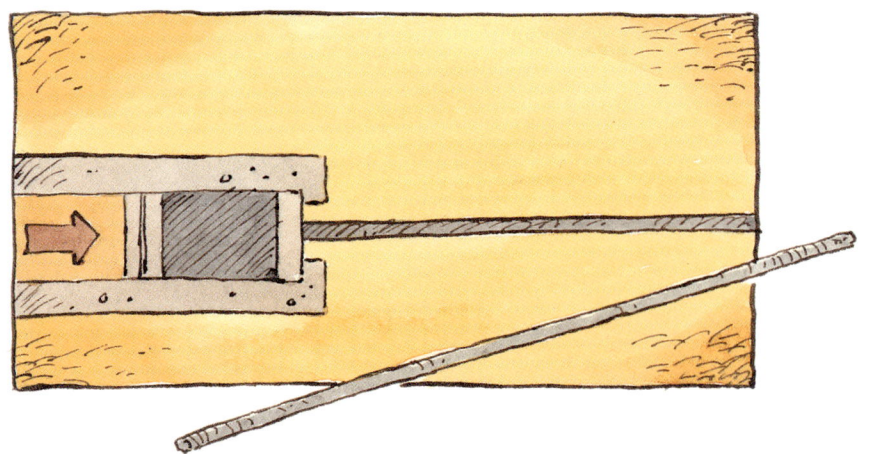

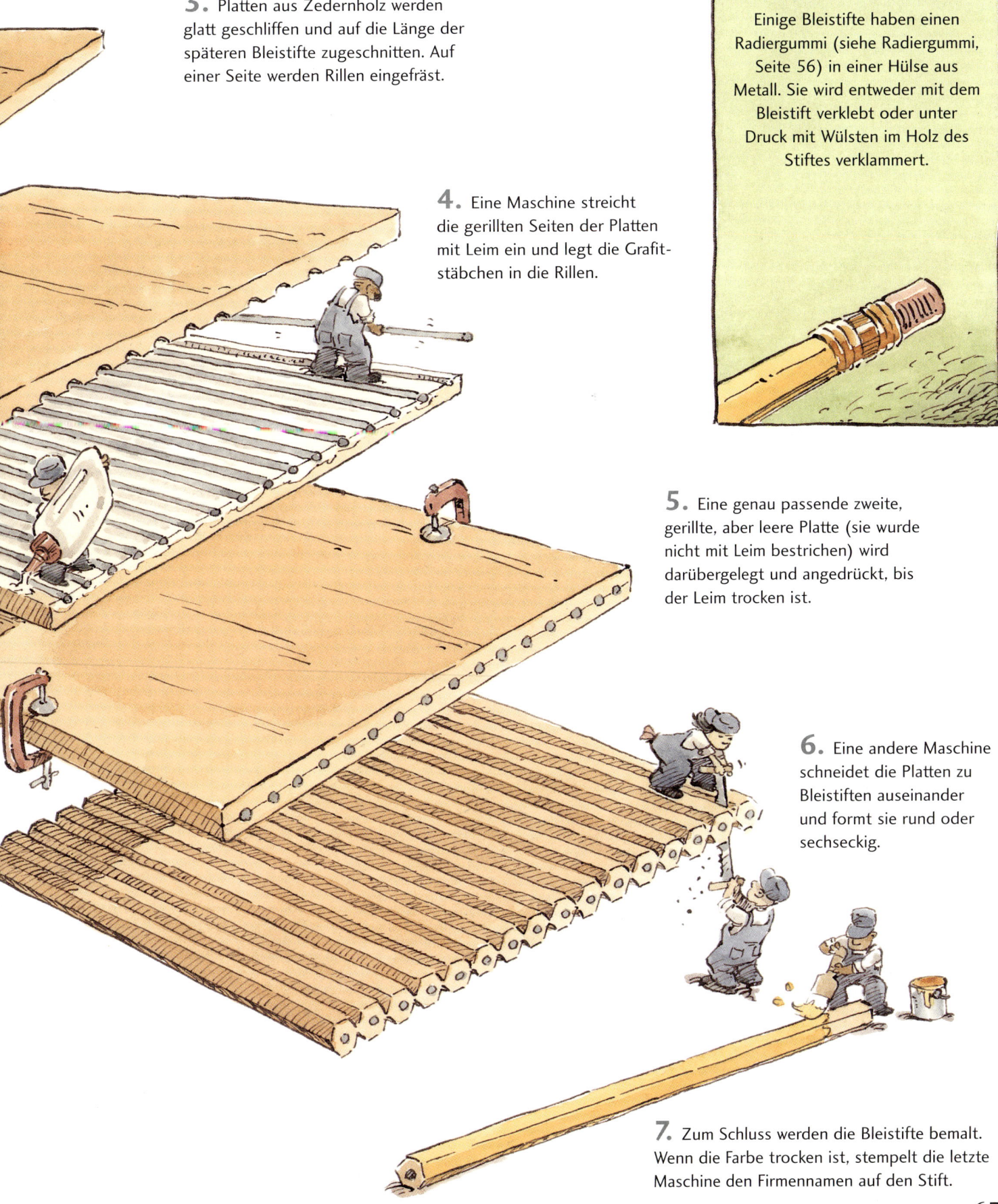

3. Platten aus Zedernholz werden glatt geschliffen und auf die Länge der späteren Bleistifte zugeschnitten. Auf einer Seite werden Rillen eingefräst.

4. Eine Maschine streicht die gerillten Seiten der Platten mit Leim ein und legt die Grafitstäbchen in die Rillen.

OHNE RADIERER GEHT'S NICHT

Einige Bleistifte haben einen Radiergummi (siehe Radiergummi, Seite 56) in einer Hülse aus Metall. Sie wird entweder mit dem Bleistift verklebt oder unter Druck mit Wülsten im Holz des Stiftes verklammert.

5. Eine genau passende zweite, gerillte, aber leere Platte (sie wurde nicht mit Leim bestrichen) wird darübergelegt und angedrückt, bis der Leim trocken ist.

6. Eine andere Maschine schneidet die Platten zu Bleistiften auseinander und formt sie rund oder sechseckig.

7. Zum Schluss werden die Bleistifte bemalt. Wenn die Farbe trocken ist, stempelt die letzte Maschine den Firmennamen auf den Stift.

Frischhaltefolie

Das durchsichtige, wasserdurchlässige Zellophan wurde 1908 von dem Schweizer Chemiker Jacques Brandenburger erfunden. Zellophan war eine frühe, sehr teure Form von Folie und diente dazu, Luxusgüter zu verpacken. Mit der 1927 entdeckten Methode, die Folie wasserdicht zu machen, verwandelte sich das teure Material in eine praktische Verpackungsfolie, die sich jeder leisten konnte. Durch Zufall erfanden englische Chemiker 1933 das Polyethylen, ein weiteres Material für Plastikfolien. Ursprünglich isolierte man damit elektrische Leitungen und schützte die Menschen damit vor Stromschlag. Polyethylen ist nur einer der vielen Grundstoffe für Plastikprodukte. Je nach Zusammensetzung lassen sich daraus Plastiktüten, Überzüge, Flaschen, Mülleimer und anderes mehr herstellen.

3. Die Blase steigt als hohe Röhre auf, die sich an der Spitze seitlich verengt. Dann fällt sie in sich zusammen und die Flächen klappen aufeinander. Rollen ziehen die Folie ständig oben heraus.

1. Eine Fabrik liefert den Kunststoff in Form von Kügelchen an (siehe Kunststoff, Seite 152).

2. Die Masse wird geschmolzen und durch eine ringförmige Form gedrückt. Pressluft durchströmt die Form seitlich und in der Mitte, bis der Kunststoff eine riesige Blase bildet.

4. Nun werden die Kanten abgeschnitten und die Folie in zwei Lagen auf eine mächtige Trommel aufgerollt. Sie fasst viele Kilometer Plastikfolie.

SCHUSSSICHER

Bei einem Test für Folien schießt man Stahlkugeln durch eine Lage Folie. Die Tester messen, wie stark die Kugel abgebremst wird.

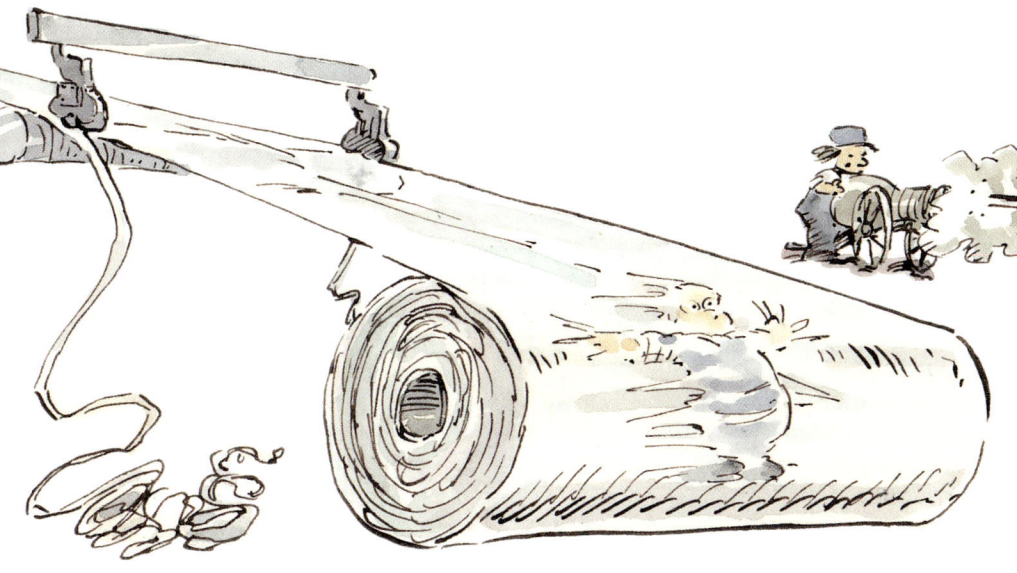

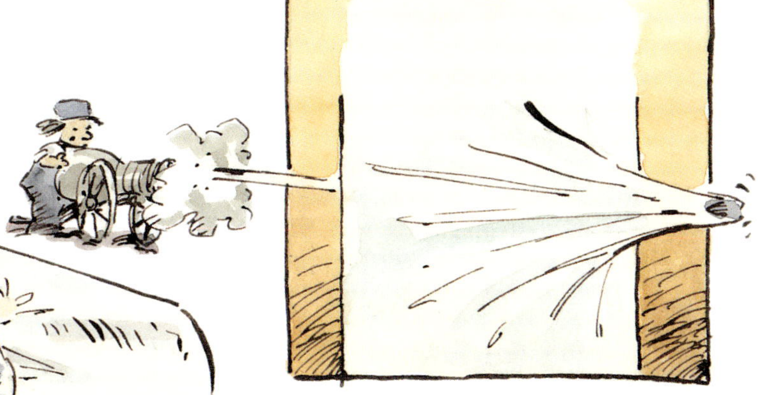

5. Die Doppelfolie wird von der Trommel abgerollt, zerteilt und auf Länge geschnitten; Haushaltsfolien sind meist 15 m lang und etwa 30 cm breit.

6. Die Folie kommt auf passende Papprollen. Durch die Reibung hat sich die Folie negativ elektrisch aufgeladen und haftet besser aneinander.

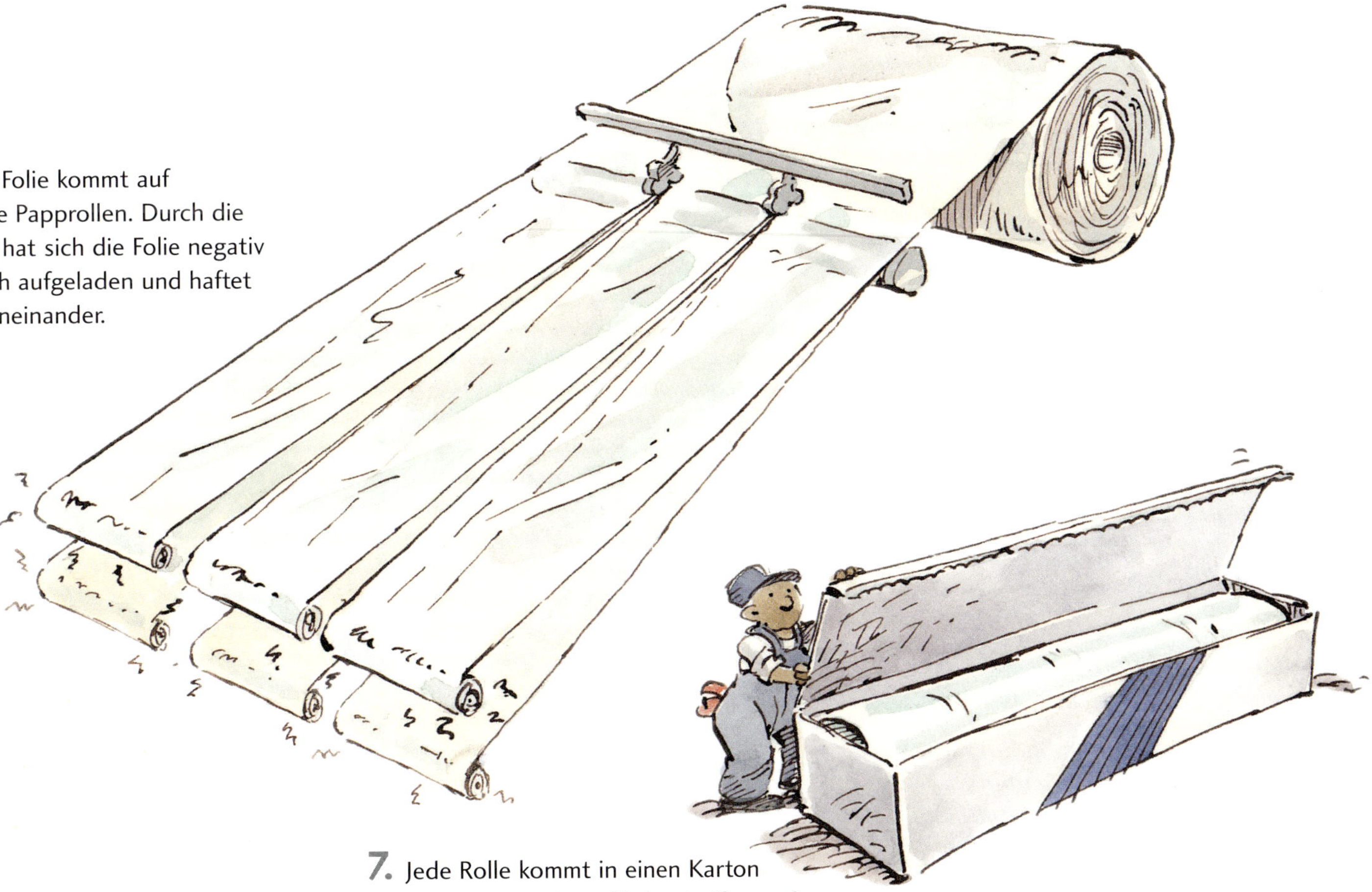

7. Jede Rolle kommt in einen Karton mit einem sägeartigen Abrissstreifen und wird an die Geschäfte geliefert.

Geschirr

Vielleicht war es so: Vor Tausenden von Jahren sammelte eine Frau Körner in einem Weidenkorb. Weil die Körner ständig durch die Ritzen fielen, schmierte sie Lehm von einem nahen Flussufer zwischen die Ritzen. Als der Lehm trocken war, fiel nichts mehr heraus – alle machten es ihr nach. Eines Tages fiel einer der Körbe ins Feuer; die Weidenruten verbrannten und zurück blieb ein gebrannter Tonkorb. Die Massenproduktion von Geschirr aus Ton begann zu Beginn des 18. Jahrhunderts in England. Eine der damaligen Methoden, der Tonguss, wird noch heute benutzt.

1. Ton, Wasser und andere Zutaten wie Talkum werden mit großen Paddeln in tonnenförmigen Tonmischern verrührt.

2. Der Tonschlamm fließt in eine saugfähige Hohlform. Für manche Geschirrformen müssen zwei oder mehr Formteile zusammengesetzt und mit elastischen Bändern befestigt werden.

3. Weil das Wasser nach außen durch die Form verdunsten kann, bildet sich an der Innenseite eine Tonschicht. Wenn sie die richtige Dicke erreicht hat, schüttet man den Rest des flüssigen Tonschlamms aus.

4. Wenn der Ton austrocknet und erhärtet, löst er sich von den Wänden der Form ab. Die Form wird geöffnet und die Nahtstellen mit einem Schwamm oder Kratzer geglättet.

5. Die Henkel für kleine Teile, wie z. B. Tassen, werden einzeln gegossen und später befestigt.

6. Als Nächstes kommen die Tongefäße in einen Brennofen. Sie stehen auf Rollwagen und werden in einen großen, 61 m langen Tunnelbrennofen geschoben. Die Wagen passieren einen sehr heißen Bereich; am anderen Ende kommt das Geschirr gebrannt und abgekühlt wieder heraus. Der Vorgang dauert 70–90 Stunden.

7. Nach dem Brennen wird eine Farbschicht oder Glasur aufgetragen und getrocknet.

8. Die glasierten Gefäße kommen in flache Kästen und werden nochmals gebrannt. Dabei verwandelt sich die Glasur in eine farbige, glänzende Schicht.

Seife

Franzosen, Italiener und Spanier benutzen Seife schon seit dem 8. Jahrhundert. In England kannten die meisten Menschen aber bis 1853 nur Wasser und Bürsten. Bis zu diesem Zeitpunkt war die Seife Luxus und für normale Menschen viel zu teuer. Die Steuereintreiber versiegelten sogar die Deckel der Seifensiederpfannen, damit niemand nachts heimlich Seife machen konnte – wenn die Steuereintreiber schliefen.

Am Ende des 19. Jahrhunderts war die industriell hergestellte Seife dann für jedermann erschwinglich. Moderne Seifenfabriken stellen Seife mit einer Technik her, die um 1940 erfunden wurde.

3. Die Seife fließt in einen großen Tank, wo sich Verunreinigungen am Boden absetzen.

1. Natürliches Fett (von Tieren oder Pflanzen) wird mit Salzwasser und einer Lauge (z. B. Ätznatron) zur Seifengrundmasse eingekocht.

Fett

Salzwasser

Lauge

2. Eine Zentrifuge schleudert Wasser und Glyzerin als Nebenprodukte aus der Seifenmasse heraus.

Glyzerin

4. Nun wird die Masse in ein Vakuum gesprüht und dabei getrocknet. Eine weitere Maschine zerkleinert die Masse in kleine Schnipsel.

5. Die Schnipsel werden mit Duftstoffen und Farben vermischt und durch eine Düse zu einem endlosen Seifenstrang gepresst. Der Strang wird in einzelne Seifenstücke zerhackt.

Puuh! Höchste Zeit für ein Bad!

6. Noch ist die Seife weich; sie darf abkühlen, dann bekommt sie in einer Presse ihre endgültige Form, wird verpackt und verkauft.

69

Pflaster

Bevor es medizinisches Verbandmaterial gab, deckten die Ärzte Verletzungen mit Baumwollfetzen und anderen Stoffresten ab. Wenn jemand operiert wurde, hatte er nur eine fünfzigprozentige Überlebenschance. Damals wusste man nichts von Bakterien, die Wunden infizieren konnten, denn die Bakterien waren unsichtbar. Der englische Chirurg Joseph Lister entdeckte diese überall vorhandenen Keime erst 1865. Im Jahre 1876 hielt er einen Vortrag in Philadelphia und brachte Robert Johnson und seine Brüder auf die Idee, eine Firma zu gründen. Sie wollten Binden und Gaze in keimfreien Behältern herstellen.

1920 kam ein Angestellter von Johnson & Johnson darauf, die sterile Gaze auf chirurgischem Klebeband zu befestigen. Diese einfache Idee war ein Durchbruch, denn nun konnten Menschen mit den neuen Pflastern kleine Wunden selbst versorgen.

1. Ein breites Band aus einem speziellen Stoff wird mit Kleber bestrichen und läuft durch einen Ofen. Darin trocknet der Kleber zu einer klebrigen Oberfläche. Das Band wird auf eine Trommel gerollt.

2. Von der Trommel rollt das Band durch eine Schneidemaschine, die es in mehrere schmale Streifen zerteilt. Jeder Klebestreifen wird auf eine kleinere Rolle aufgewickelt.

70

3. Der Klebestreifen wird wieder abgewickelt und dabei in der Mitte mit einem Streifen gepolsterte Gaze belegt.

4. Klebestreifen und Gaze werden nun mit zwei breiten Streifen Plastik abgedeckt. Sie lassen sich vor Gebrauch des Pflasters leicht abziehen. Klebestreifen, Gaze und Abdeckung werden in Pflaster zerschnitten.

5. Die einzelnen Pflaster werden zwischen zwei Streifen Papier gelegt.

6. Eine Perforationsmaschine stanzt Löcher zwischen die Pflaster. Hier lassen sie sich später leicht trennen. Dann werden die Pflaster in Schachteln verpackt.

7. Die aufgestapelten Schachteln (mit jeweils 500 000 Pflastern) kommen in eine Sterilisationskammer. Gas, Hitze und Dampf töten alle Keime ab, dann werden die Pflaster in die Läden geliefert.

ALLE FARBEN DER WELT

Es gibt Pflaster in allen möglichen Mustern, Farben und in allen Hautfarben: Lakritze, Mokka, Kaffee, Zimt, Honig, Rosa oder Weiß.

Zahnpasta

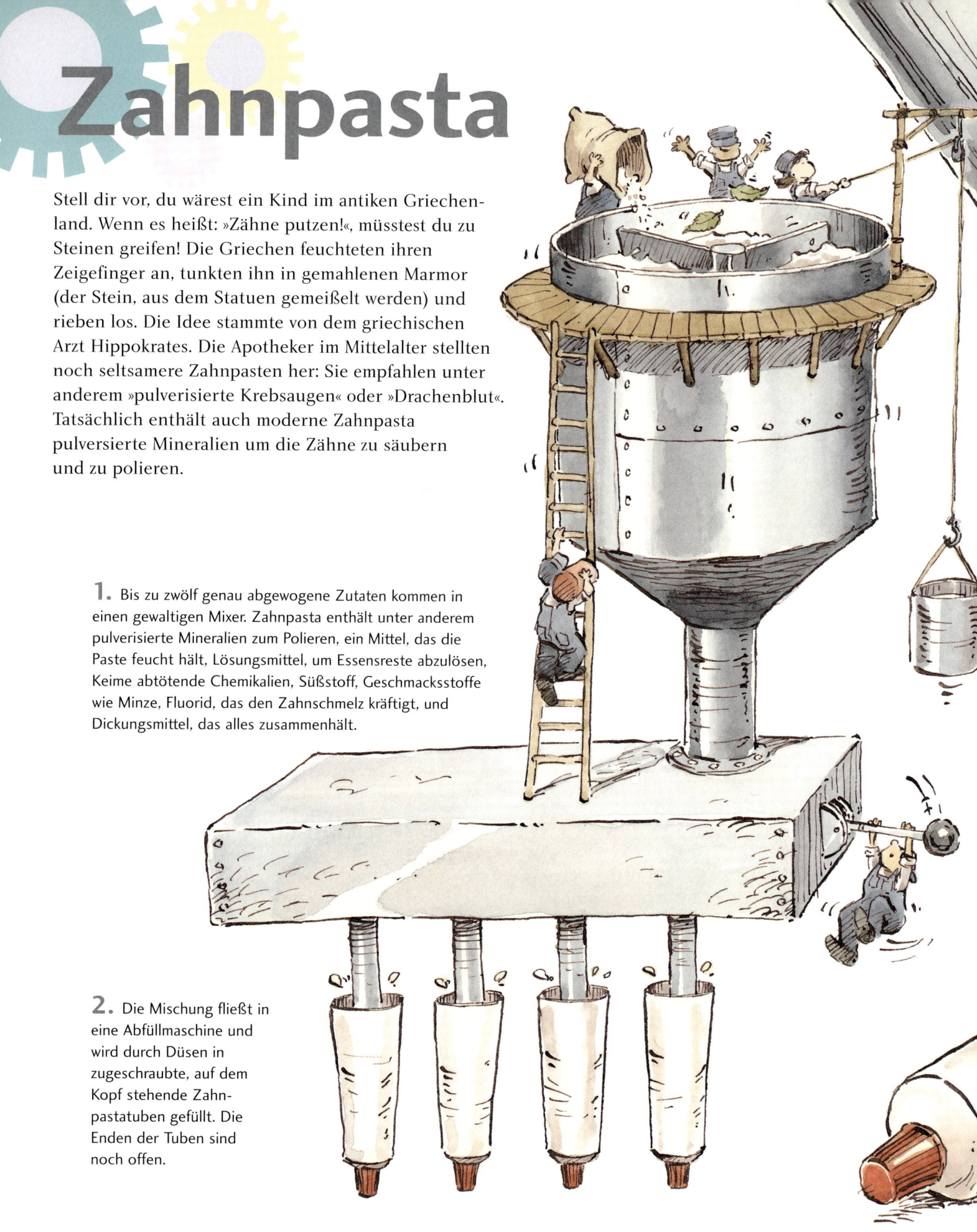

Stell dir vor, du wärest ein Kind im antiken Griechenland. Wenn es heißt: »Zähne putzen!«, müsstest du zu
Steinen greifen! Die Griechen feuchteten ihren
Zeigefinger an, tunkten ihn in gemahlenen Marmor
(der Stein, aus dem Statuen gemeißelt werden) und
rieben los. Die Idee stammte von dem griechischen
Arzt Hippokrates. Die Apotheker im Mittelalter stellten
noch seltsamere Zahnpasten her: Sie empfahlen unter
anderem »pulverisierte Krebsaugen« oder »Drachenblut«.
Tatsächlich enthält auch moderne Zahnpasta
pulversierte Mineralien um die Zähne zu säubern
und zu polieren.

1. Bis zu zwölf genau abgewogene Zutaten kommen in
einen gewaltigen Mixer. Zahnpasta enthält unter anderem
pulverisierte Mineralien zum Polieren, ein Mittel, das die
Paste feucht hält, Lösungsmittel, um Essensreste abzulösen,
Keime abtötende Chemikalien, Süßstoff, Geschmacksstoffe
wie Minze, Fluorid, das den Zahnschmelz kräftigt, und
Dickungsmittel, das alles zusammenhält.

2. Die Mischung fließt in
eine Abfüllmaschine und
wird durch Düsen in
zugeschraubte, auf dem
Kopf stehende Zahn-
pastatuben gefüllt. Die
Enden der Tuben sind
noch offen.

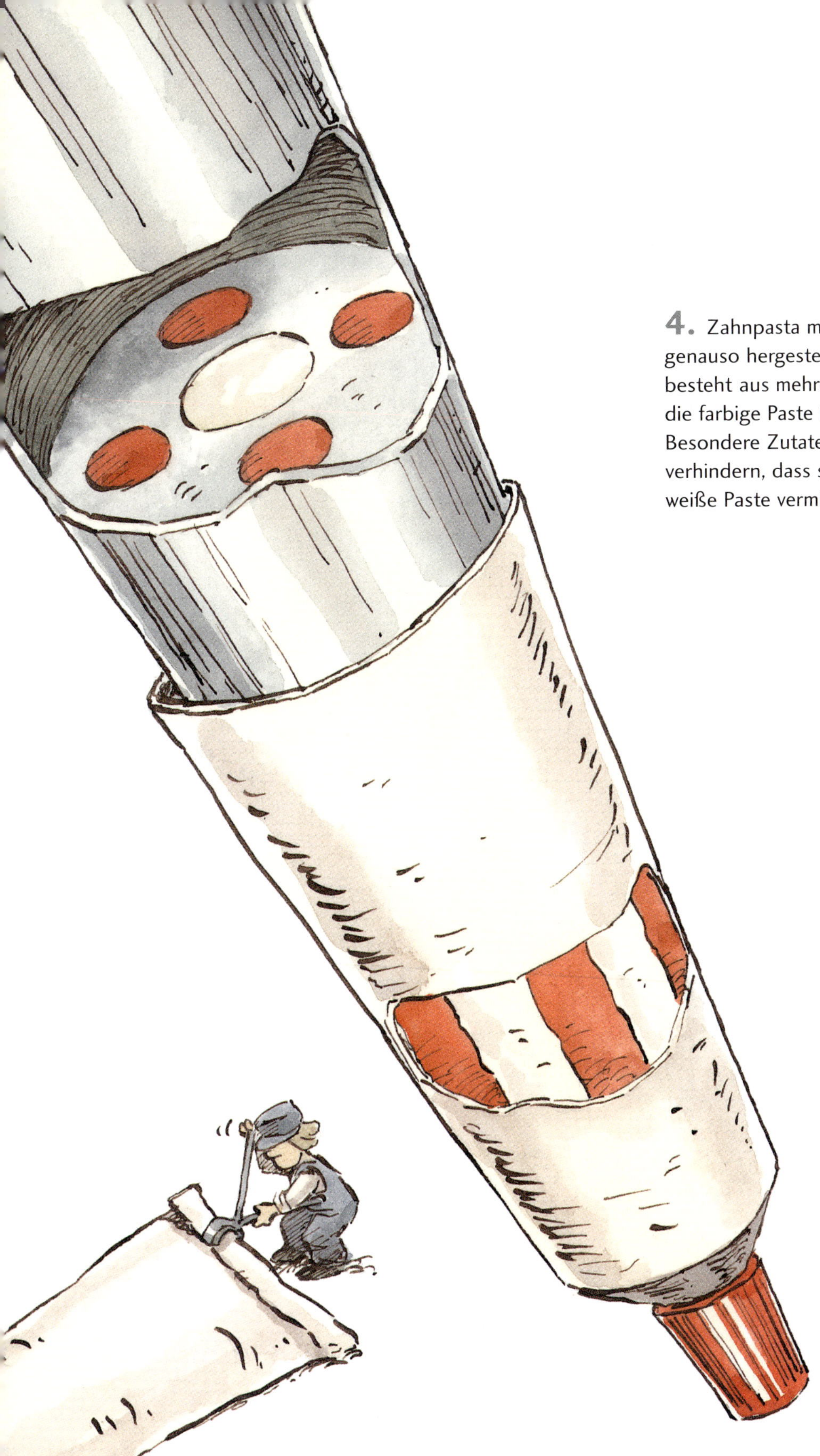

4. Zahnpasta mit Streifen wird genauso hergestellt, aber jede Fülldüse besteht aus mehreren Röhren, durch die farbige Paste in die Tube fließt. Besondere Zutaten in den Streifen verhindern, dass sich Streifen und weiße Paste vermischen.

3. Wenn die Enden zusammengerollt und verklemmt sind, gleiten die Tuben auf einem Fließband in die Verpackungsmaschine.

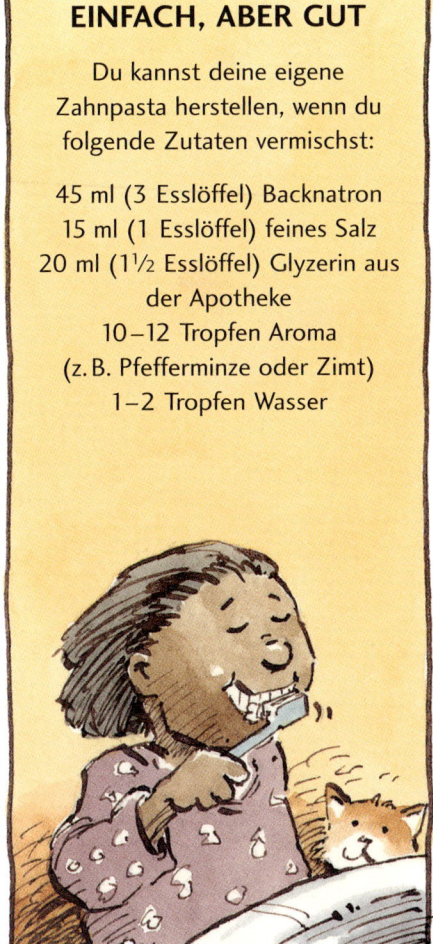

EINFACH, ABER GUT

Du kannst deine eigene Zahnpasta herstellen, wenn du folgende Zutaten vermischst:

45 ml (3 Esslöffel) Backnatron
15 ml (1 Esslöffel) feines Salz
20 ml (1½ Esslöffel) Glyzerin aus der Apotheke
10–12 Tropfen Aroma
(z. B. Pfefferminze oder Zimt)
1–2 Tropfen Wasser

73

Kerzen

Die ersten Kerzen waren vermutlich in Tierfett getauchte Stöckchen. Dass auch Bienenwachs brennt, wurde erst viel später entdeckt. Es roch besser und verbrannte gleichmäßiger, weil es nicht tropfte. Im 18. Jahrhundert lieferten die Walfänger dann Wachs aus dem Speck der Wale, das sogar bei sommerlichen Temperaturen hart blieb. Um 1860 gelang es schließlich, aus Öl künstliches Wachs namens Paraffin herzustellen (siehe Erdöl, Seite 150). Es setzte sich rasch durch und ist auch heute noch der Stoff, aus dem die meisten Kerzen sind.

Es gibt verschiedene Möglichkeiten, Kerzen herzustellen: Sie werden aus pulverisiertem Paraffin gepresst, in Formen gegossen oder von Maschinen ausgestanzt. Die hier gezeigte Tauchmethode ist schon lange bekannt; heute erledigen aber Maschinen die Handarbeit der Kerzenmacher.

1. Der Docht besteht aus Baumwolle oder Leinen. Der Faden wird verdrillt und mit Chemikalien behandelt, damit er nicht so schnell verbrennt.

2. Der Docht rollt von einer Spule ab und läuft durch ein Gefäß mit Paraffin. Auf einer großen Trommel aus Metall kühlt der Docht ab und das Paraffin härtet aus. Der Docht wird auf einer zweiten Spule aufgerollt.

ACHTUNG BIENENWACHS

Bienenwachs wird tatsächlich von Bienen hergestellt; sie scheiden es durch Körperdrüsen aus. Die Imker entfernen den Honig und schmelzen die Wachswaben in kochendem Wasser. Das flüssige Wachs steigt nach oben, wird abgeschöpft, wieder geschmolzen und gereinigt.

3. So sehen die Rahmen für die Tauchmaschine aus. In diesem hängen bereits 69 Dochte.

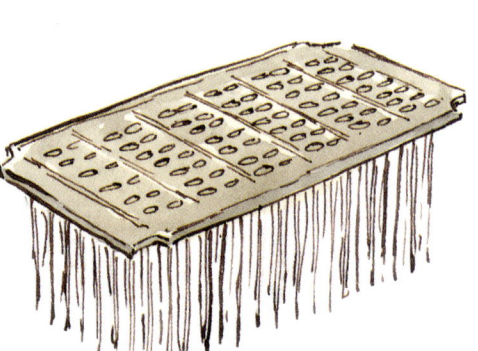

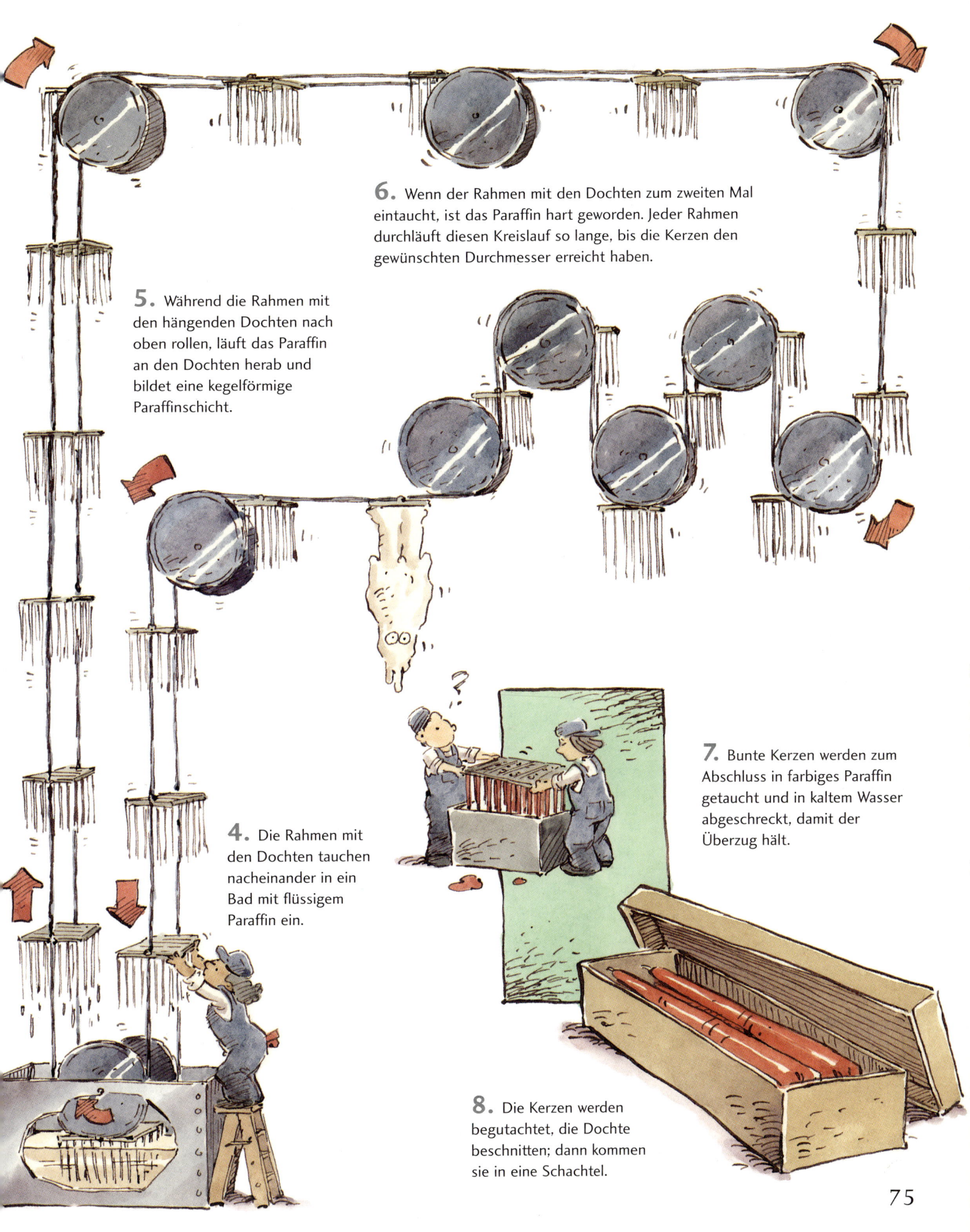

6. Wenn der Rahmen mit den Dochten zum zweiten Mal eintaucht, ist das Paraffin hart geworden. Jeder Rahmen durchläuft diesen Kreislauf so lange, bis die Kerzen den gewünschten Durchmesser erreicht haben.

5. Während die Rahmen mit den hängenden Dochten nach oben rollen, läuft das Paraffin an den Dochten herab und bildet eine kegelförmige Paraffinschicht.

4. Die Rahmen mit den Dochten tauchen nacheinander in ein Bad mit flüssigem Paraffin ein.

7. Bunte Kerzen werden zum Abschluss in farbiges Paraffin getaucht und in kaltem Wasser abgeschreckt, damit der Überzug hält.

8. Die Kerzen werden begutachtet, die Dochte beschnitten; dann kommen sie in eine Schachtel.

Draht

Wenn du an Drähte denkst, fällt dir vielleicht das Kabelgewirr von Computer, Bildschirm, Drucker, Radio und CD-Player in deinem Zimmer ein. Es gibt aber noch viel mehr Formen von Draht. Manche Drähte sind so dünn, dass du sie kaum siehst, z. B. die Glühwendel in einer Glühbirne. Sie ist stark genug, um viele tausend Male von Strom durchflossen zu werden, ehe sie kaputtgeht. Andere Drähte werden zu dicken Seilen und Tauen verdreht: Sie halten die Anker großer Schiffe fest oder verankern die Eisenteile riesiger Hängebrücken.

1. Stahlblöcke (siehe Eisen und Stahl, Seite 144) laufen durch eine Reihe von starken Walzen. Dabei werden sie zuerst zu so genannten Knüppeln und dann zu Stäben von etwa 6 mm Durchmesser gewalzt.

3. Ein Ende der Spirale wird zugespitzt und unter starker Zugkraft durch eine Art Trichter aus sehr hartem Stahl (Zieheisen) gezogen. Dabei wird der Draht dünner.

Gleitmittel

6. Der Draht läuft nacheinander durch mehrere Zieheisen mit immer kleinerem Durchmesser. Dabei wird der Draht von Mal zu Mal dünner, bis er die gewünschte Dicke erreicht hat.

2. Die Stäbe werden zu langen Spiralen geformt und in ein Schwefelsäurebad getaucht. Die Säure löst die harte Schicht ab, die sich beim Walzen gebildet hat. Danach kommt die Drahtspirale in eine Kalklösung und wird erhitzt, damit das Gleitmittel besseren Halt findet. Ohne Gleitmittel kann der Draht nicht »gezogen« werden.

Kabeltrommel

Zieheisen

4. Wenn die Spitze des Drahtes am anderen Ende des Zieheisens zu sehen ist, greifen Zangen zu und ziehen den Draht auf eine Kabeltrommel.

5. Eine starke Maschine setzt die Trommel in Bewegung und zieht den Draht weiter durch das Zieheisen. Da der Draht dabei hart wird, muss er durch Hitze weich gehalten werden. Gleitmittel schmieren ihn während des gesamten Vorgangs und eine Wasserkühlung kühlt das Zieheisen, damit alles glatt läuft.

AUF DIE HARTE TOUR

Vom Altertum bis etwa 400 n. Chr. stellten die Schmiede Draht her: Sie hämmerten Metall zu Platten, schnitten sie in Streifen und hämmerten die Streifen rund – eine langwierige Arbeit.

Dann wurde das Drahtziehen erfunden. Dabei zog man Metallstäbe durch eine konisch (trichterförmig) zulaufende Öffnung. Jetzt ging es zwar schneller, aber man war immer noch auf die Kraft des ziehenden Drahtmachers angewiesen. Nach und nach erfand man neue Geräte, wie Wasserräder oder Dampfmaschinen – nun musste niemand mehr mit aller Kraft ziehen. Im 19. Jahrhundert brauchten die Menschen enorme Mengen an Draht für ihre Telegrafen- und Telefonleitungen. Jetzt wurden die Maschinen zur automatischen Drahtherstellung erfunden.

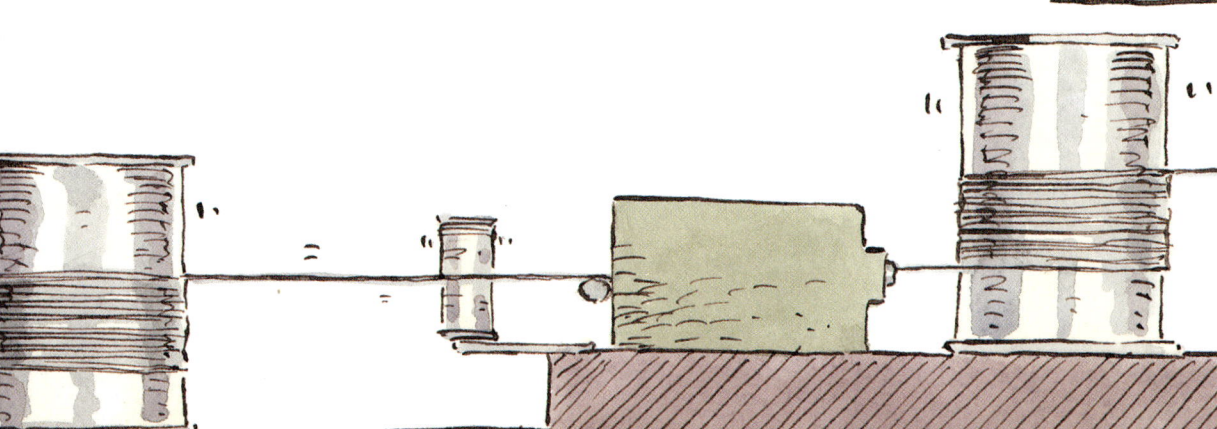

Essen und Trinken

Brot

Die Griechen und Römer der Antike ließen ihre Sklaven Getreide und Körner mit schweren Steinwalzen zu Mehl zermahlen. Alles, was zwischen die Walzen fiel, z. B. Kieselsteine, Knochen oder Asche, landete ebenfalls im Mehl. Damals war es ein Abenteuer, Brot zu essen! Heute wird die meiste Arbeit von Maschinen erledigt; sie schneiden das Brot sogar in Scheiben.

1. Das Mehl aus der Mühle wird in eine gewaltige Mischmaschine geschüttet. Dazu kommen Wasser in der richtigen Temperatur, Hefe und andere Zutaten, wie Salz, Nüsse und geschrotetes Getreide.

4. Die Teigballen werden automatisch zu Kugeln geformt und rollen auf einem Band durch eine warme Gärkammer, in der sie noch weiter aufgehen.

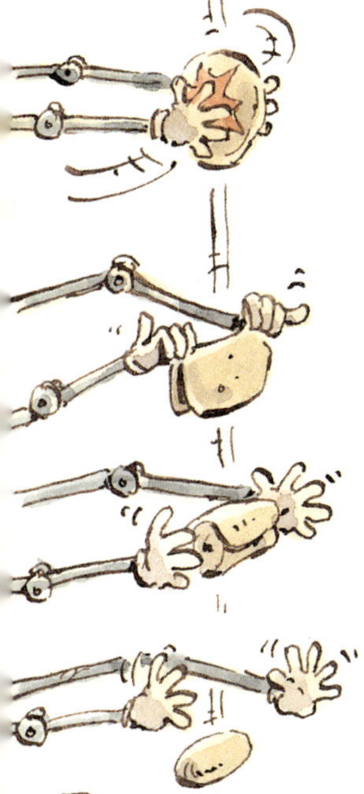

5. Der Teig wird flach geknetet, ausgerollt und auf einem Fließband in Formen gefüllt. Das Band läuft durch eine weitere Gärkammer mit hoher Luftfeuchtigkeit. Dabei werden die Brote, die etwas Flüssigkeit verloren haben, wieder weich.

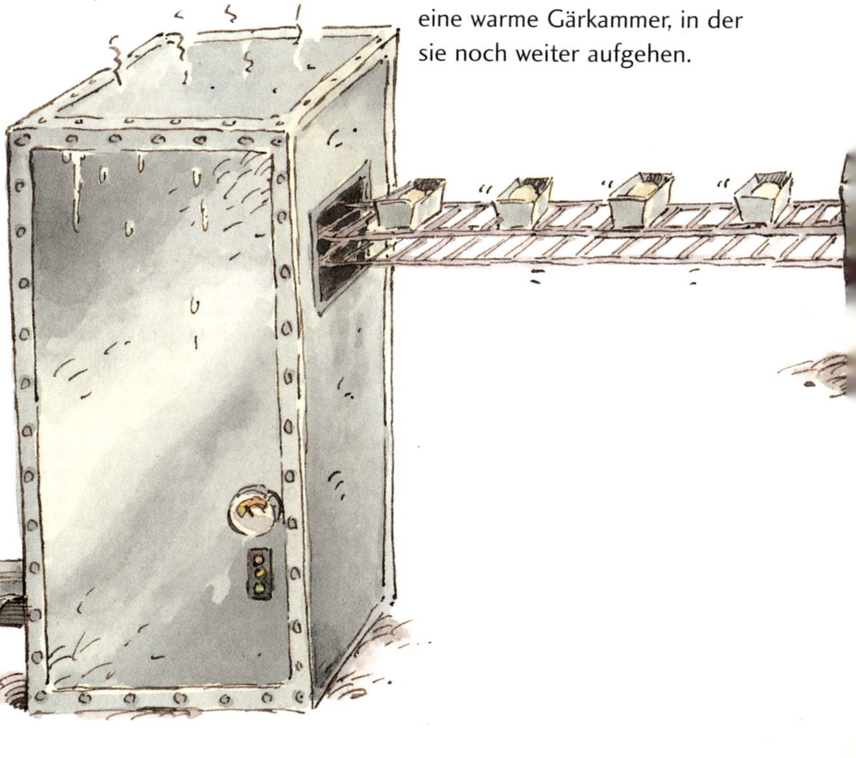

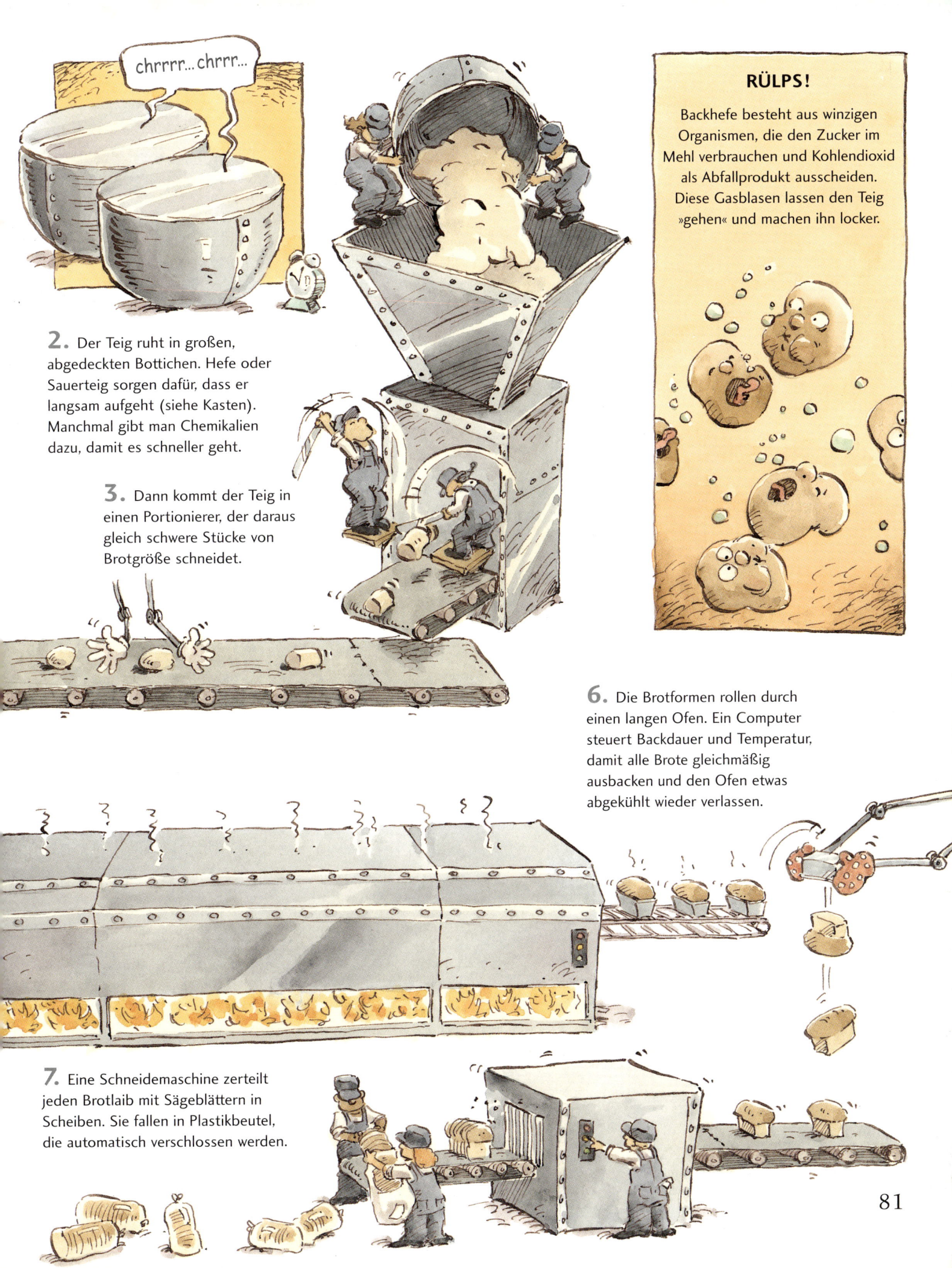

chrrrr... chrrr...

RÜLPS!

Backhefe besteht aus winzigen Organismen, die den Zucker im Mehl verbrauchen und Kohlendioxid als Abfallprodukt ausscheiden. Diese Gasblasen lassen den Teig »gehen« und machen ihn locker.

2. Der Teig ruht in großen, abgedeckten Bottichen. Hefe oder Sauerteig sorgen dafür, dass er langsam aufgeht (siehe Kasten). Manchmal gibt man Chemikalien dazu, damit es schneller geht.

3. Dann kommt der Teig in einen Portionierer, der daraus gleich schwere Stücke von Brotgröße schneidet.

6. Die Brotformen rollen durch einen langen Ofen. Ein Computer steuert Backdauer und Temperatur, damit alle Brote gleichmäßig ausbacken und den Ofen etwas abgekühlt wieder verlassen.

7. Eine Schneidemaschine zerteilt jeden Brotlaib mit Sägeblättern in Scheiben. Sie fallen in Plastikbeutel, die automatisch verschlossen werden.

81

Cornflakes

Willst du wissen, was Steinzeitmenschen zum Frühstück aßen? Dann mahle einige Hafer-, Mais- oder Weizenkörner zu Brei, koche sie in Wasser und nimm dir einen Löffel. So ähnlich wird auch heute noch der englische Porridge hergestellt. Allerdings mögen die meisten modernen Menschen viel lieber Fertigprodukte, die sie mit Milch und Früchten als Müsli essen. Die ersten Frühstücksflocken haben wir dem Amerikaner John Harvey Kellogg zu verdanken. Er wollte zusammen mit seinem Bruder W. K. Kellogg ein vegetarisches Essen auf den Markt bringen und erfand 1894 die »Cornflakes«. Sie wurden verpackt und als Gesundheitsnahrung verkauft – der Startschuss für eine ganze Industrie.

So werden Cornflakes hergestellt:

1. Die angelieferten Getreidekörner werden geprüft, gesäubert und zwischen Metallwalzen grob zu Schrot gemahlen. Dabei platzen auch die Hüllen der Körner ab.

PUFFREIS

Die aufgeblähten Getreidekörner aus Reis oder Weizen werden in kleinen Drucköfen hergestellt. Zuerst liegen sie bei hohem Druck und in heißem Dampf im geschlossenen Ofen. Wird der Ofen geöffnet, blähen sie sich durch den plötzlichen Druckabfall auf.

4. Die Stücke kühlen mehrere Stunden lang ab.

5. Große Metallwalzen walzen die Stücke platt. Die Cornflakes sind fast fertig.

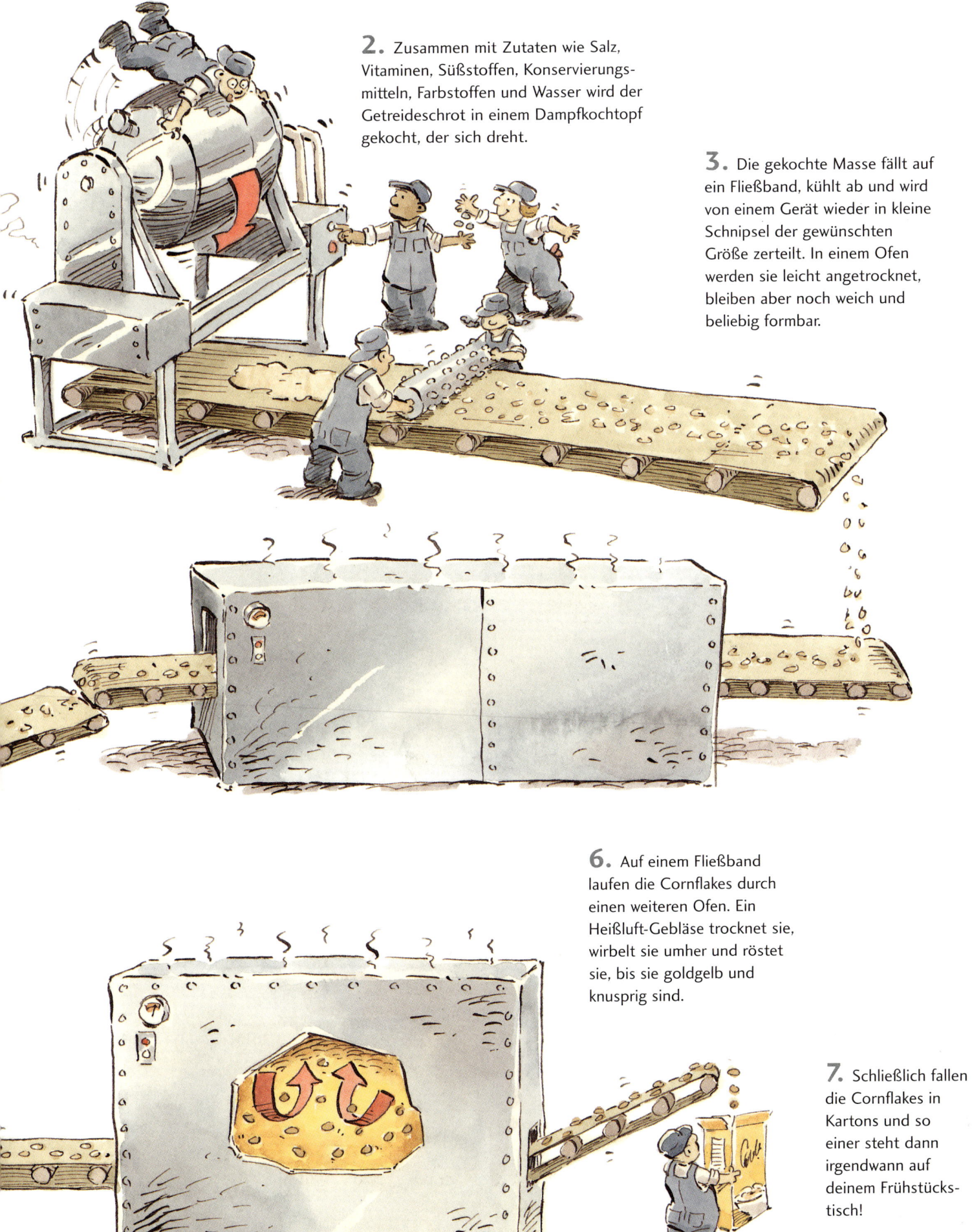

2. Zusammen mit Zutaten wie Salz, Vitaminen, Süßstoffen, Konservierungsmitteln, Farbstoffen und Wasser wird der Getreideschrot in einem Dampfkochtopf gekocht, der sich dreht.

3. Die gekochte Masse fällt auf ein Fließband, kühlt ab und wird von einem Gerät wieder in kleine Schnipsel der gewünschten Größe zerteilt. In einem Ofen werden sie leicht angetrocknet, bleiben aber noch weich und beliebig formbar.

6. Auf einem Fließband laufen die Cornflakes durch einen weiteren Ofen. Ein Heißluft-Gebläse trocknet sie, wirbelt sie umher und röstet sie, bis sie goldgelb und knusprig sind.

7. Schließlich fallen die Cornflakes in Kartons und so einer steht dann irgendwann auf deinem Frühstückstisch!

Käse

Vor rund 4000 Jahren waren asiatische Hirtenvölker die ersten, die Käse gemacht haben. So könnten sie auf die Idee gekommen sein: Vielleicht hatten sie Milch in Tiermägen gefüllt, am Sattel befestigt und beim Ritt in der Sonne hin und her geschüttelt. Sie stellten rasch fest, dass sich Käse besser transportieren lässt als Milch, länger haltbar ist und köstlich schmeckt.
Die Käseherstellung breitete sich über ganz Europa und später in der ganzen Welt aus.
Moderner Käse stammt meist aus Fabriken.

1. Tankwagen liefern die frische Milch an. Sie wird pasteurisiert (siehe Milch, Seite 100), um schädliche Bakterien abzutöten. Dann pumpt man sie in Vorratstanks.

2. Wenn alles vorbereitet ist, füllen Arbeiter die Milch in Edelstahlkessel und erwärmen sie auf 30 °C bis 36 °C. Dann fügen sie eine Starterkultur (Flüssigkeit mit Bakterien) dazu – die Milch wird sauer. Manchmal kommt noch Pflanzenfarbe (oft Orange) dazu. Die Milch wird ständig umgerührt.

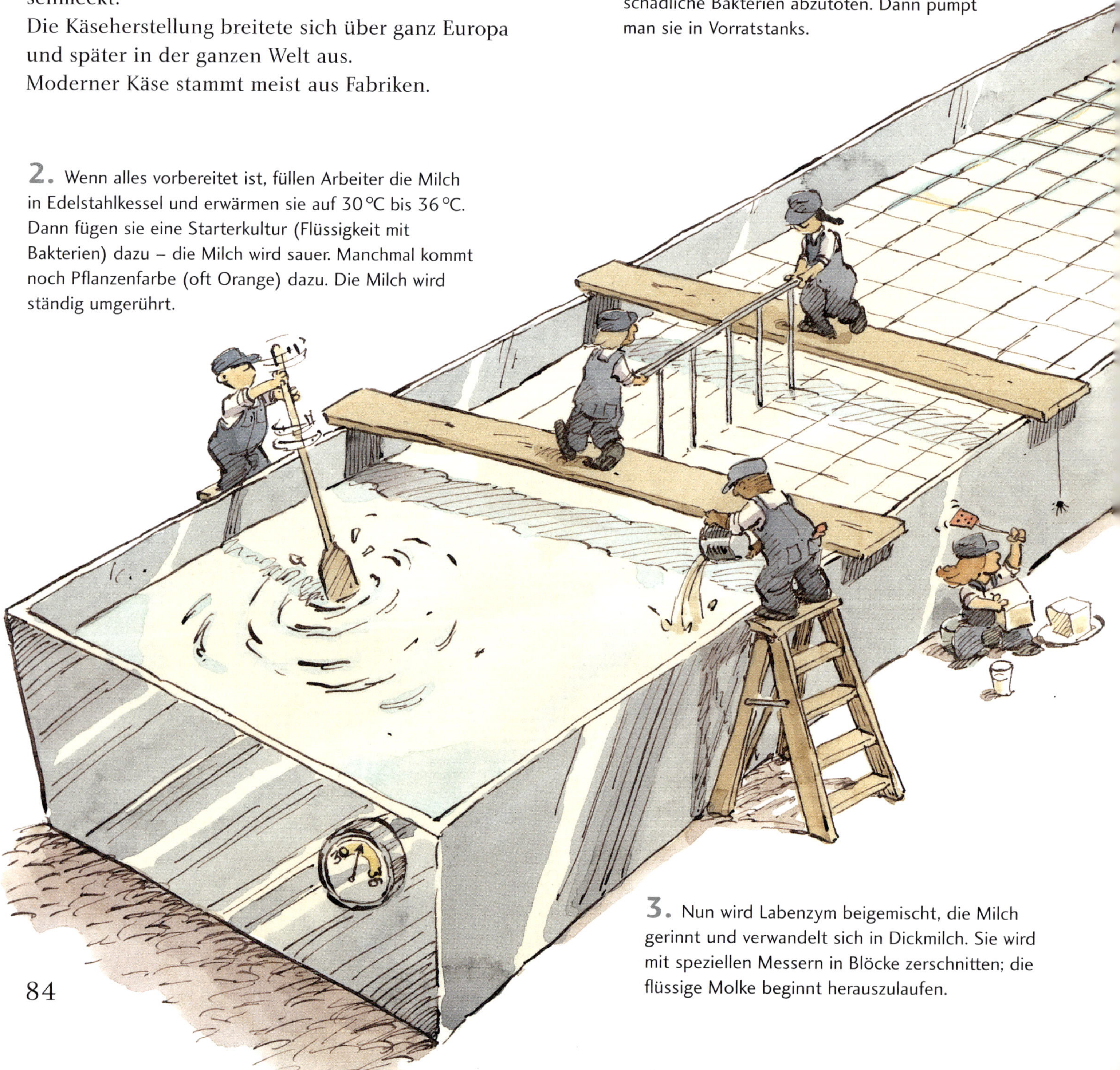

3. Nun wird Labenzym beigemischt, die Milch gerinnt und verwandelt sich in Dickmilch. Sie wird mit speziellen Messern in Blöcke zerschnitten; die flüssige Molke beginnt herauszulaufen.

84

4. Mit einem gewaltigen Siebtuch hebt man die Dickmilch hoch und lässt die Molke aus der Masse austropfen.

5. Inzwischen hat sich die Dickmilch in eine feste Masse verwandelt, die sich in runde Metallformen mit Löchern im Boden pressen lässt. Darin bleibt die Käsemasse ein paar Stunden oder Tage, bis die Molke völlig herausgepresst ist.

6. Je nach Sorte wird der Käse schon vor dem Pressen gesalzen (z.B. Cheddar) oder er kommt hinterher in ein Salzbad.

7. Die Käselaibe reifen für einige Wochen, mehrere Monate, ein Jahr oder noch länger in einem warmen Raum mit kontrollierter Temperatur und Feuchtigkeit. Je länger ein Käse lagert, desto aromatischer schmeckt er.

8. Der fertige Käse wird in kleinere Stücke geteilt oder als flacher Laib, Block, Rad oder Kugeln verpackt und verschickt.

Schokolade

Als die spanischen Entdecker im 16. Jahrhundert nach Amerika kamen, servierten die Azteken ihnen *cacahuatl* – ein schaumig gerührtes Getränk aus Kakaobohnen, vermischt mit Maismehl, Vanille, rotem Pfeffer und Wasser. Den Europäern schmeckte Schokolade mit viel Zucker und Gewürzen besser. So eroberte das neue Getränk rasch ganz Europa. Im 18. Jahrhundert waren die Londoner »Schokoladen-Häuser« absolut »in«.

1879 erfand der Schweizer Rodolphe Lindt eine Maschine, die »Conche«, mit der er Schokoladentafeln herstellen konnte.

Am Anfang der Schokoladenherstellung steht der immergrüne tropische Kakaobaum.

2. In der Schokoladenfabrik werden die Bohnen in großen, rotierenden Öfen mit heißer Luft geröstet. Die Bohnen werden braun, ihre Hüllen platzen auf und während sich die rund 300 Inhaltsstoffe verändern und vermischen, entwickelt sich das typische Schokoladenaroma.

3. Man trennt das Innere der Samen von den Hüllen (sie werden mit Luft weggeblasen).

1. Arbeiter schneiden die reifen Kakaofrüchte vom Baum. Jede enthält 20 – 40 Kakaobohnen in klebrigem Fruchtfleisch. Nachdem Bohnen und Fruchtfleisch in der Sonne getrocknet sind, wird das Fruchtfleisch entfernt und die Bohnen werden sortiert und verkauft.

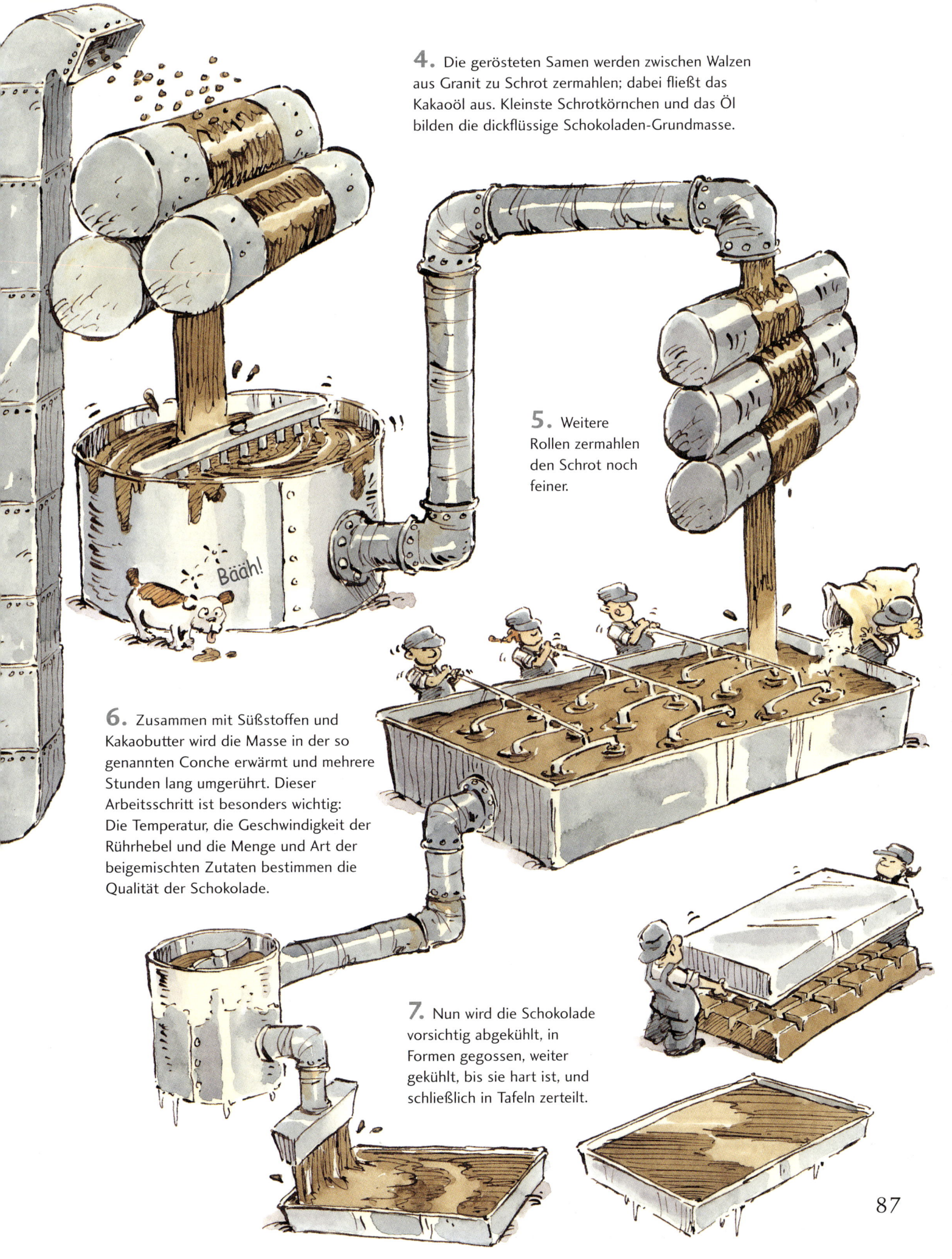

4. Die gerösteten Samen werden zwischen Walzen aus Granit zu Schrot zermahlen; dabei fließt das Kakaoöl aus. Kleinste Schrotkörnchen und das Öl bilden die dickflüssige Schokoladen-Grundmasse.

5. Weitere Rollen zermahlen den Schrot noch feiner.

Bääh!

6. Zusammen mit Süßstoffen und Kakaobutter wird die Masse in der so genannten Conche erwärmt und mehrere Stunden lang umgerührt. Dieser Arbeitsschritt ist besonders wichtig: Die Temperatur, die Geschwindigkeit der Rührhebel und die Menge und Art der beigemischten Zutaten bestimmen die Qualität der Schokolade.

7. Nun wird die Schokolade vorsichtig abgekühlt, in Formen gegossen, weiter gekühlt, bis sie hart ist, und schließlich in Tafeln zerteilt.

87

Cola

Die Menschen haben schon immer an die heilende Kraft von natürlichem Mineralwasser geglaubt. Zuerst haben sie nur darin gebadet, doch seit dem Ende des 18. Jahrhunderts wurde es auch getrunken. Kurz darauf erfanden die Chemiker eine Methode um normales Wasser mit Kohlendioxid zum Sprudeln zu bringen – das »Sprudelwasser« war geboren. Kurz darauf gab es auch Sprudelwasser mit Geschmack. In den USA trafen sich die Menschen in Läden mit »Sprudelbrunnen«

und genossen die erfrischenden Getränke. Im Jahre 1886 erfand John Pemberton in Atlanta (Georgia) das heute berühmteste Erfrischungsgetränk der Welt: Coca-Cola. Das ursprüngliche Getränk enthielt Koffein aus der Kolanuss (eine immergrüne Pflanze aus Westafrika) und anregende Inhaltsstoffe des Kokastrauches. Schon bald darauf brachten andere Firmen eigene Geschmacksrichtungen heraus. Die modernen Colagetränke sind noch genauso lecker, enthalten aber kein Kokain.

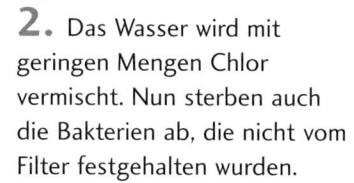

Kolanuss

1. Normales Trinkwasser wird mit Chemikalien gereinigt. Verunreinigungen sinken zu Boden und werden mit Filtern entfernt.

5. Maschinen mischen den Sirup mit Wasser. Dabei steht die Flüssigkeit unter dem Druck von Kohlendioxid, damit sie keine Luft aufnimmt.

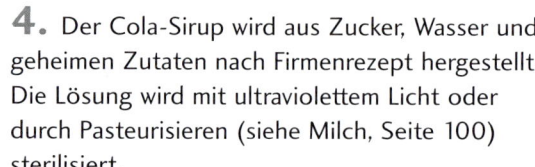

2. Das Wasser wird mit geringen Mengen Chlor vermischt. Nun sterben auch die Bakterien ab, die nicht vom Filter festgehalten wurden.

3. Ein Kohlefilter entfernt Chlor, andere Inhaltsstoffe und gelöste Luft aus dem Wasser.

4. Der Cola-Sirup wird aus Zucker, Wasser und geheimen Zutaten nach Firmenrezept hergestellt. Die Lösung wird mit ultraviolettem Licht oder durch Pasteurisieren (siehe Milch, Seite 100) sterilisiert.

88

6. Das fertige Getränk wird von Maschinen in Flaschen oder Dosen abgefüllt.

7. Ganz zum Schluss wird Kohlendioxid zugefügt, so entsteht die Kohlensäure in der Cola.

8. Eine letzte Maschine schraubt die Verschlüsse zu. Sie sind so konstruiert, dass sie den Druck der Kohlensäure aushalten können.

TOP SECRET

Forscher haben herausbekommen, dass die bekannteste Cola wahrscheinlich Zucker, Karamell, Koffein, Phosphorsäure, Extrakte von Kokablättern (ohne Kokain), Extrakt der Kolanuss, Zitronensäure, Natriumzitrat, Zitronen, Orangen, Limonen, Zimt, Muskat, Glyzerin und Vanille enthält.

89

Glückskekse

Wer zum ersten Mal die Idee hatte, Glückskekse zu backen, ist unbekannt. Nach einer Legende sollen die Chinesen im 14. Jahrhundert einen Aufstand gegen die mongolischen Landesherren geplant haben. Sie versteckten geheime Botschaften in Mondkeksen, weil die Mongolen keine Kekse mochten. Der Trick funktionierte, die Chinesen siegten und errichteten die Dynastie der Ming-Kaiser. Die moderne Version dieser Kekse wurde in den USA erfunden. Der Teig enthält Mehl, Öl, Zucker und Eier. Ob die Voraussagen allerdings eintreffen? Das bleibt ein Geheimnis.

1. Die Zutaten kommen in eine Rührschüssel, werden vermischt und der Teig wird zum Backofen gebracht.

Keks-teig

2. Der Teig wird in runde Backformen aus Metall gepumpt. Der Deckel der Form senkt sich ab, drückt den Teig flach und erhitzt ihn auf beiden Seiten. Dabei laufen die Backformen im Kreis durch den Ofen. Wenn die Kekse aus dem Ofen kommen, sind sie fertig. Der Deckel hebt sich wieder und die noch weichen Kekse werden aus der Form geholt.

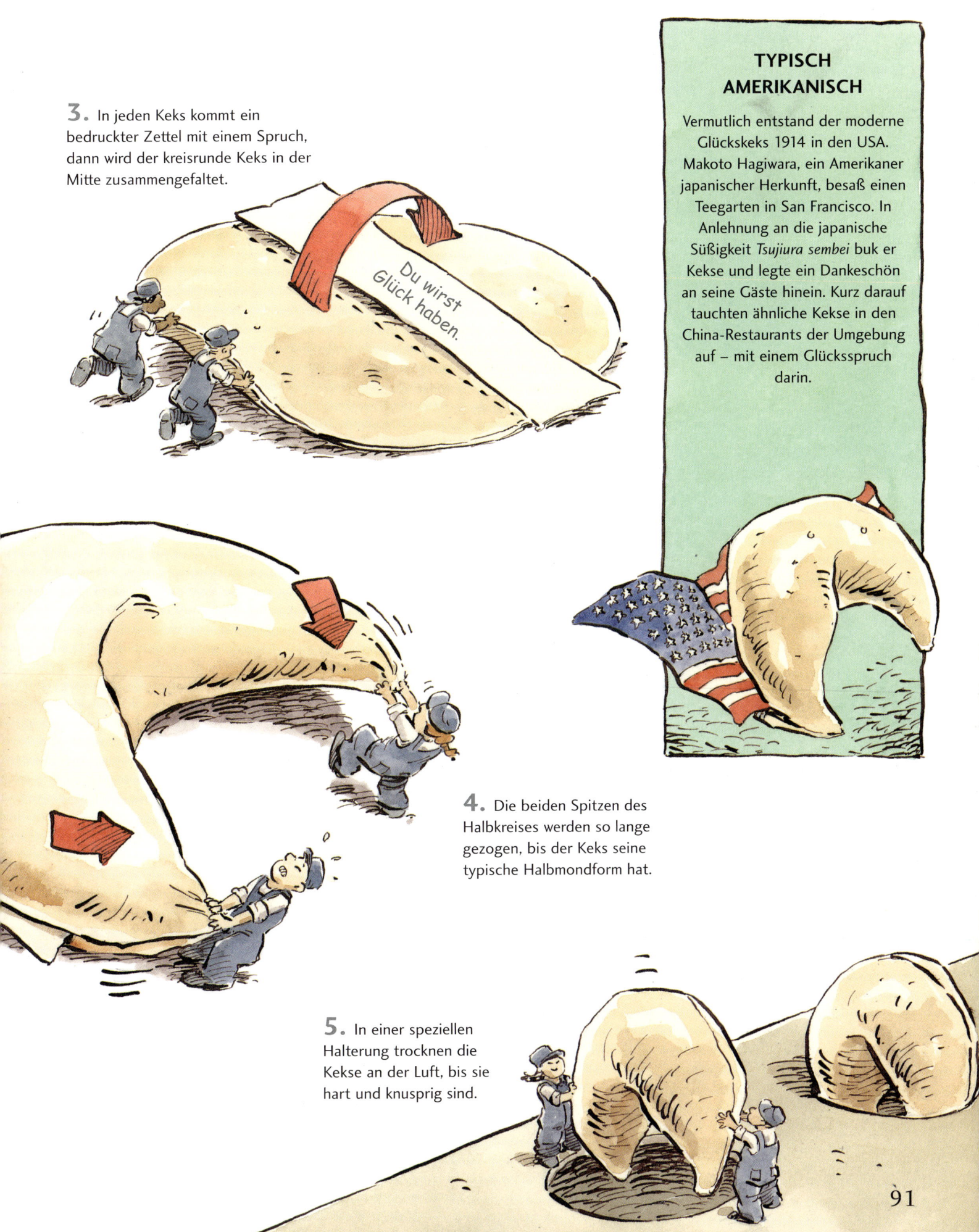

3. In jeden Keks kommt ein bedruckter Zettel mit einem Spruch, dann wird der kreisrunde Keks in der Mitte zusammengefaltet.

Du wirst Glück haben.

TYPISCH AMERIKANISCH

Vermutlich entstand der moderne Glückskeks 1914 in den USA. Makoto Hagiwara, ein Amerikaner japanischer Herkunft, besaß einen Teegarten in San Francisco. In Anlehnung an die japanische Süßigkeit *Tsujiura sembei* buk er Kekse und legte ein Dankeschön an seine Gäste hinein. Kurz darauf tauchten ähnliche Kekse in den China-Restaurants der Umgebung auf – mit einem Glücksspruch darin.

4. Die beiden Spitzen des Halbkreises werden so lange gezogen, bis der Keks seine typische Halbmondform hat.

5. In einer speziellen Halterung trocknen die Kekse an der Luft, bis sie hart und knusprig sind.

Speiseeis

Das erste Eiscafé eröffnete 1660 in Paris. Zu Anfang war Speiseeis eine Köstlichkeit für Reiche, denn man brauchte Diener, die das Eis in mühseliger Handarbeit anrührten. Das änderte sich, als 1846 die Eismaschine mit Handkurbel erfunden wurde. Schließlich merkte der Milchhändler Jacob Fussell in Baltimore (USA), dass er mit dem Verkauf von Eis mehr Geld verdienen konnte als mit dem von Milch. Schon bald wollten die Leute immer mehr davon und das hat sich bis heute nicht geändert.

1. Eine Molkerei liefert die Sahne an (siehe Milch, Seite 100); sie wird in großen Tanks gelagert.

2. In einem Kessel werden Sahne, kondensierte Milch, Zucker und weitere Zutaten wie Karrageen (ein Stabilisator) und manchmal auch Eier miteinander verrührt.

3. Die Mischung fließt durch Rohre in einen anderen Kessel, wo sie auf 85 °C erhitzt wird um Bakterien abzutöten (das nennt man »pasteurisieren«).

4. Unter hohem Druck fließt die Mischung nun in einen Homogenisator. Darin wird das Butterfett in kleinste Kügelchen zerlegt, die sich nicht mehr von der Milch absetzen.

Erhitzte Wände

92

5. Die heiße Mischung wird auf 2 °C abgekühlt und in Lagertanks gepumpt. Dort kommen Farben und Geschmacksstoffe hinzu, wie Vanille oder Erdbeere. Die Kühlung dauert bis zu acht Stunden.

COOLE WAFFEL

Das Hörnchen für Eis wurde erstmals auf der Weltausstellung von 1904 in St. Louis, Missouri vorgestellt.

7. Zum Schluss kommen noch Früchte, Nüsse oder andere Zutaten dazu und werden gleichmäßig mit dem Eis vermischt.

6. Dann fließt die gekühlte Mischung durch einen weiteren Kühlschrank, wo sie mit Luft angereichert wird. Nun ist das Eis wunderbar kremig.

8. Die Füllmaschine schafft pro Stunde etwa 75 Kartons mit Eis.

I scream, you scream ...

9. Ventilatoren blasen eisige Luft über ein Transportband, bis die Eispakete auf −23 °C abgekühlt sind.

93

Bonbons

Seit Hunderten von Jahren essen die Menschen im Orient »Lokum«, ein geleeartiges, türkisches Fruchtkonfekt. Die modernen Geleebonbons – weicher Kern in harter Hülle – wurden im 17. Jahrhundert in Frankreich erfunden. Um 1900 tauchten neue Geschmackrichtungen und Farben auf, wie Zitrone (gelb), Zimt (rot) und Kokosnuss (weiß). Heute gibt es Bonbons in allen möglichen Farben und ungewöhnlichen Geschmacksrichtungen, wie Kaugummi und Wassermelone (außen grün, innen rot).

1. Die Chemiker in der Bonbonfabrik tüfteln neue Rezepte aus und schicken sie an eine Versuchsküche. Hier mischen die Bonbonköche den Zuckersirup mit Aromastoffen für die Füllungen zusammen und kochen die Zutaten für die harte Hülle.

2. Flache, mit Maisstärke gefüllte Plastiktabletts laufen auf dem Band in eine Maschine. Sie drückt kleine, runde Vertiefungen in die Stärkemasse.

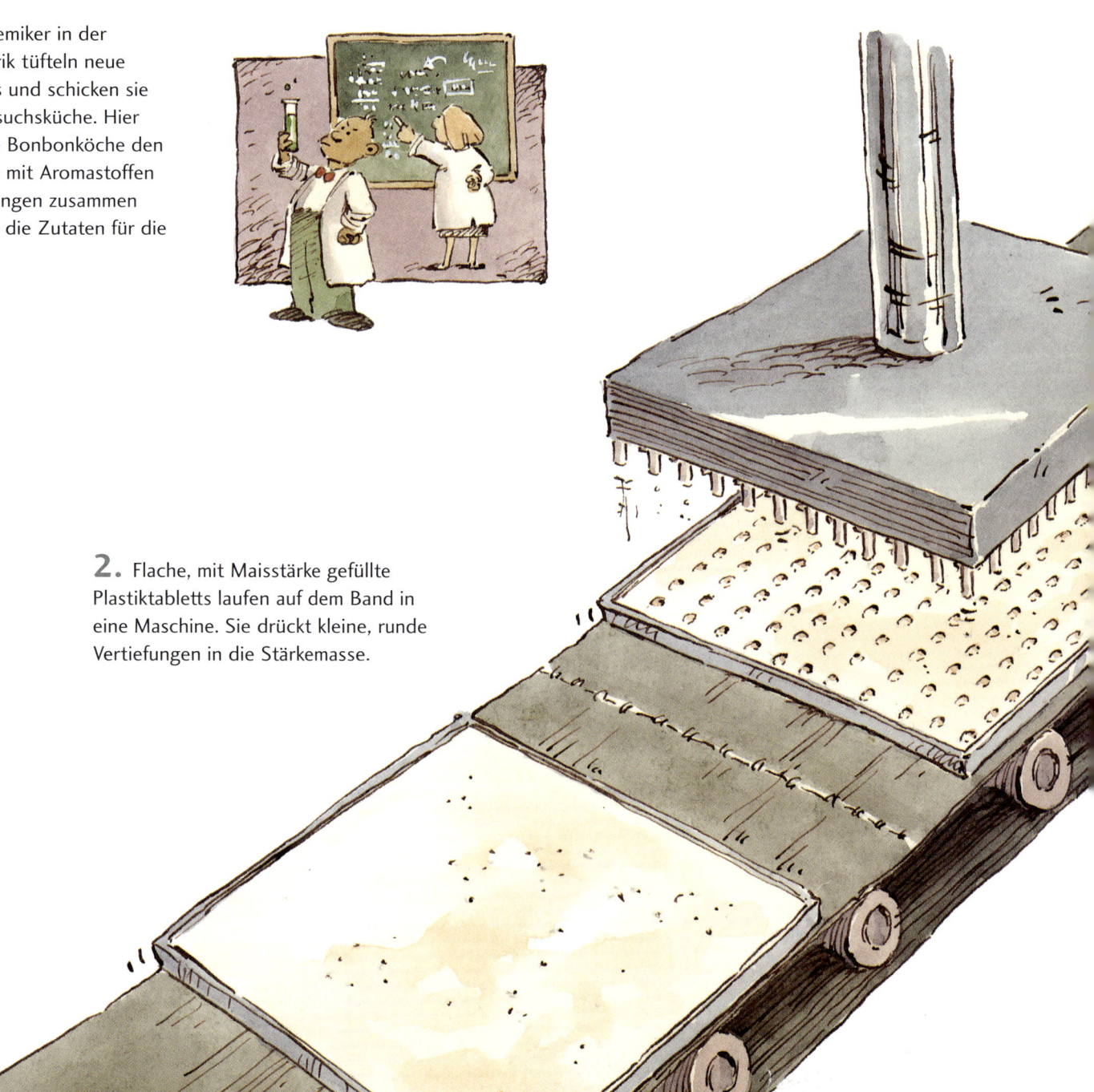

3. Auf dem Fließband laufen die Tabletts weiter; in jede Vertiefung kommt eine Bonbonfüllung hinein. In einem Kühlraum kühlen die Füllungen ab und werden fest.

4. Die Füllungen werden mit Zucker bestäubt, damit sie nicht aneinander kleben. Dann fallen sie in eine rotierende Misch-maschine. Arbeiter kippen nach und nach Zucker, Farbe und Aromastoffe dazu. Sie lagern sich auf den Füllungen ab und bilden die harte Außenhülle. Zum Schluss kommt Glasur darüber – sie gibt den Bonbons den nötigen Glanz.

5. Eine andere Mischmaschine stellt aus den einzelnen Bonbons bunte Mischungen zusammen. Zu große und zu kleine Bonbons werden aussortiert, nur gleich große Geleebonbons fallen zur Endkontrolle auf ein Fließband. Hier sortieren Arbeiter alle fehlerhaften Bonbons aus.

EKLIG!

Inzwischen haben die Lebens-mittelchemiker sogar Geschmacksrichtungen wie »Dreck« oder »Ohrenschmalz« hergestellt.

95

Ketschup

Tomatenketschup wurde als chinesische Soße geboren: Die Chinesen stellten seit Ende des 17. Jahrhunderts den *ke-tsiap* aus eingelegtem Fisch und Krustentieren her – Tomaten waren keine drin. Englische Kapitäne brachten die Soße von ihren Reisen nach Malaysia oder Singapur mit nach Hause. Dort wurde sie von englischen Köchen mit Pilzen, Zitronen und anderen Zutaten verfeinert. Im 19. Jahrhundert gehörte der Ketschup zum guten Geschmack auf englischen Esstischen.

Noch größere Veränderungen dachten sich die Köche in Maine (USA) aus, als sie ihrem hausgemachten Ketschup »Liebesäpfel« beimischten (so hießen früher die Tomaten). Der Amerikaner Henry John Heinz, ein Sohn deutscher Einwanderer, machte daraus ein großes Geschäft. Seit 1876 verkaufte er seinen Heinz-Tomatenketschup, der heute weltweit verbreitet ist.

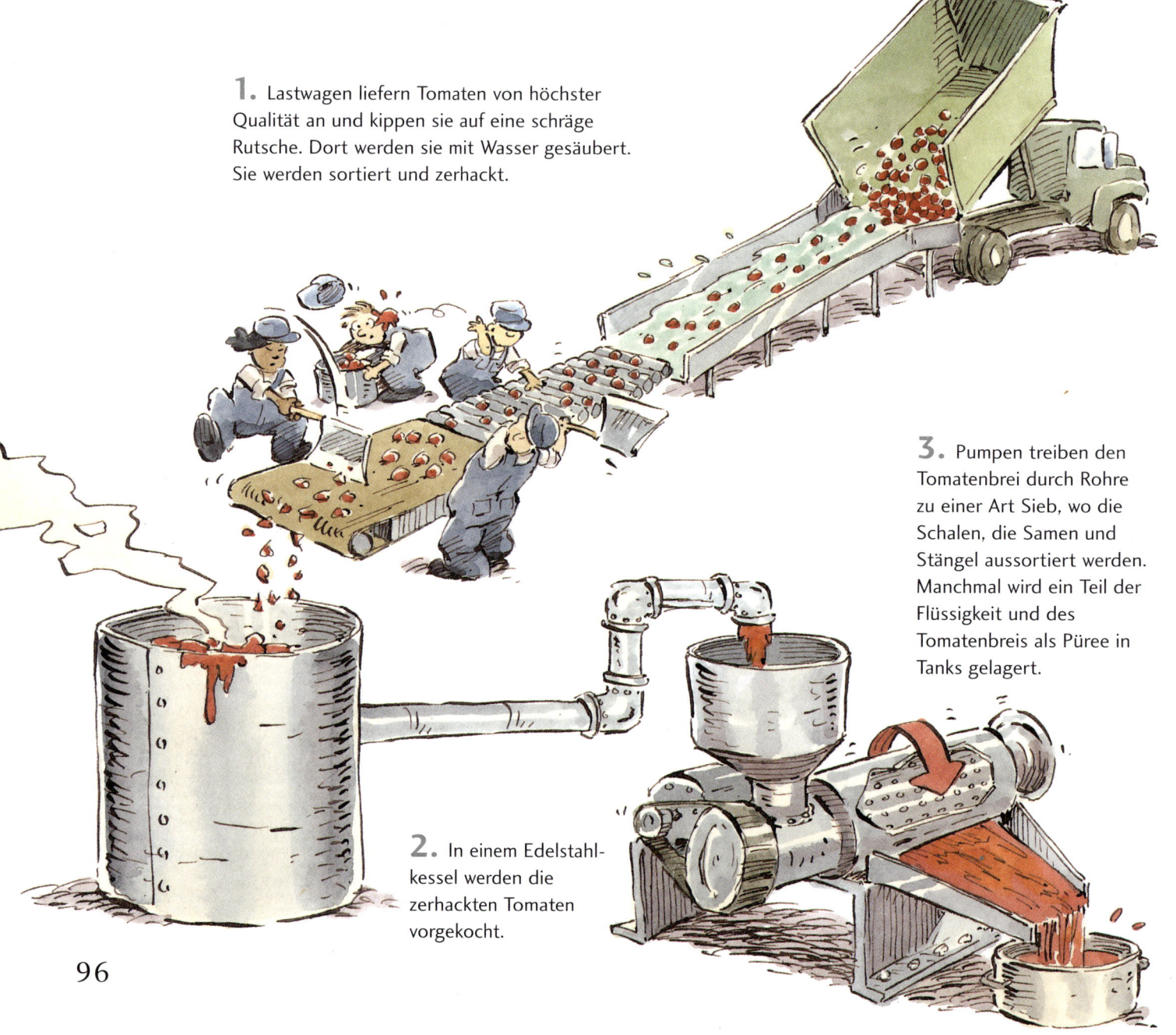

1. Lastwagen liefern Tomaten von höchster Qualität an und kippen sie auf eine schräge Rutsche. Dort werden sie mit Wasser gesäubert. Sie werden sortiert und zerhackt.

3. Pumpen treiben den Tomatenbrei durch Rohre zu einer Art Sieb, wo die Schalen, die Samen und Stängel aussortiert werden. Manchmal wird ein Teil der Flüssigkeit und des Tomatenbreis als Püree in Tanks gelagert.

2. In einem Edelstahl-kessel werden die zerhackten Tomaten vorgekocht.

4. In einem weiteren, großen Kessel werden Tomatenbrei und Flüssigkeit mit anderen Zutaten wie Süßstoffen, Salz, Gewürzen und Essig vermischt und gekocht.

5. Eine letzte Maschine entfernt unerwünschte Verunreinigungen und Faserreste. Die Tomatenmasse ist jetzt glatt und sämig.

6. Nun muss der Masse in einem abgeschlossenen Tank nur noch die Luft entzogen werden – sie würde den Ketschup schwarz verfärben.

7. Der heiße Ketschup wird in Flaschen gefüllt, dicht verschlossen, gekühlt und mit einem Etikett versehen. Knapp drei Stunden nach der Anlieferung der Tomaten ist der Ketschup reif für den Verkauf.

SCHLECHTE IDEE

Ein berühmter Eishersteller wollte aus der Liebe der Amerikaner zu Ketschup Profit schlagen: Er erfand das Ketschup-Eis, das erste Eis der Firmengeschichte mit Gemüsegeschmack. Allerdings wollte es niemand kaufen.

Lakritz

Was nimmst du, wenn du Husten hast? Früher hätte man dir garantiert Lakritz gegeben – viel Lakritz! Seit Tausenden von Jahren kauen die Menschen die streng schmeckende Süßholz- oder Lakritzenwurzel, wenn sie einen rauen Hals haben. In China ist Süßholz noch immer die am meisten verschriebene Heilpflanze, nicht etwa der Ginseng.

Um die bittere Medizin besser schlucken zu können, fügten die Menschen dem Süßholzextrakt Honig, später auch Zucker bei und formten daraus Hustenpastillen.
Um 1600 stellten holländische Bonbonmacher die ersten Lakritzstangen her – so wie wir sie heute kennen.

1. Die getrockneten Wurzeln der Süßholzpflanze werden geraspelt und eingekocht. Der eingekochte Saft kühlt ab, erstarrt und die Masse wird zu Pulver verarbeitet – damit arbeiten die Bonbonfabriken.

2. Die Firmen rühren den Lakritz nach ihren Geheimrezepten aus Lakritzpulver, Zucker, Maissirup, Weizenmehl, Sojaöl, Wasser, Konservierungsmitteln und anderen Zutaten in großen Kesseln an.

SÜSSHOLZ-WURZEL

In der Wurzel dieser Pflanze ist der Süßstoff Glycyrrhizin enthalten. Er ist 50-mal süßer als Zucker und wird auch als Aroma für Zigarren, Tabak, alkoholische und Erfrischungsgetränke benutzt.

3. Die Mischung wird in einem hohen, röhrenförmigen Kocher gekocht, in dem sich Rührerblätter drehen. Durch eine Metallröhre im Innern strömt heißer Dampf in die Mischung ein. Ein Teil des Wassers entweicht und die zähe Lakritzmasse entsteht.

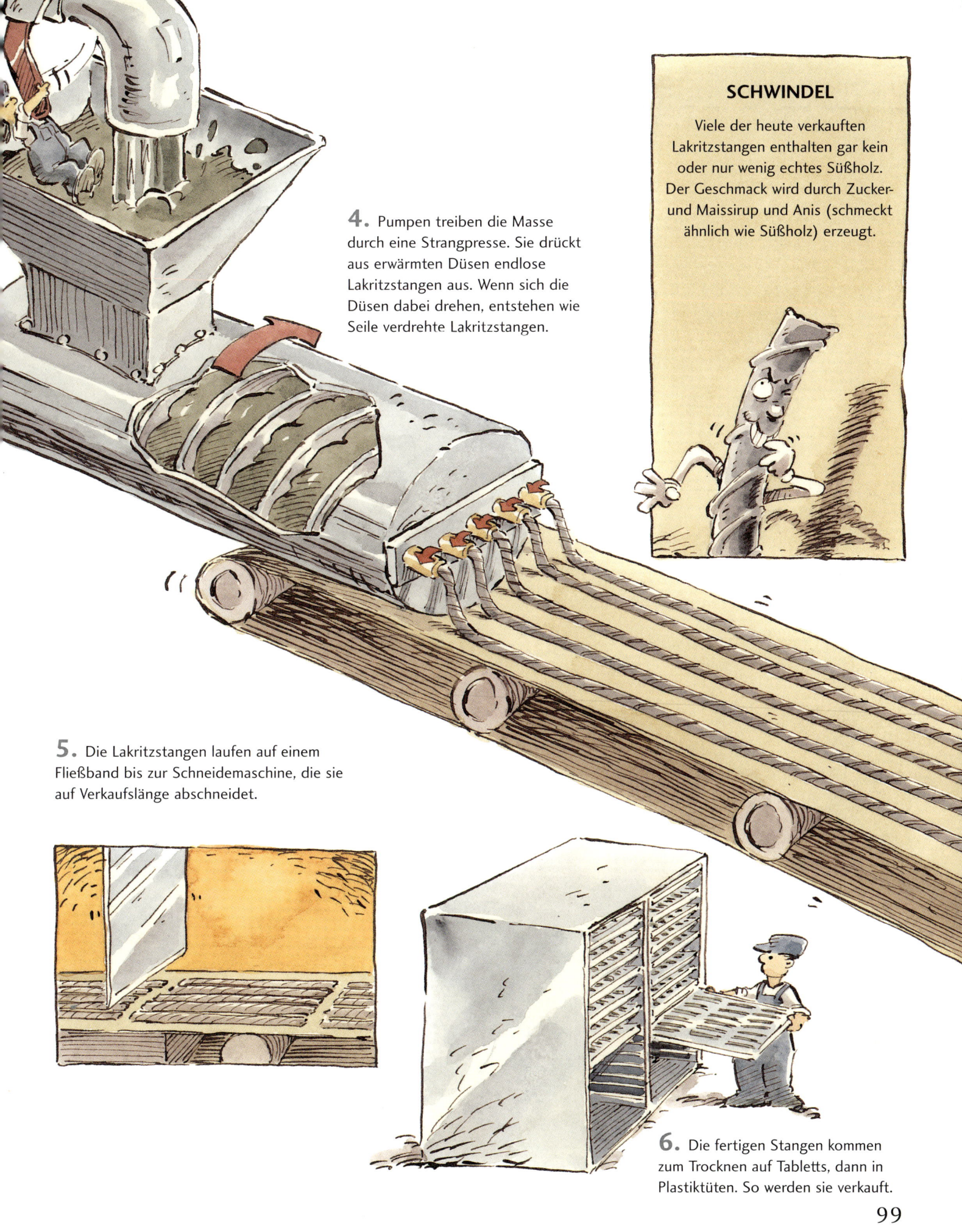

4. Pumpen treiben die Masse durch eine Strangpresse. Sie drückt aus erwärmten Düsen endlose Lakritzstangen aus. Wenn sich die Düsen dabei drehen, entstehen wie Seile verdrehte Lakritzstangen.

SCHWINDEL

Viele der heute verkauften Lakritzstangen enthalten gar kein oder nur wenig echtes Süßholz. Der Geschmack wird durch Zucker- und Maissirup und Anis (schmeckt ähnlich wie Süßholz) erzeugt.

5. Die Lakritzstangen laufen auf einem Fließband bis zur Schneidemaschine, die sie auf Verkaufslänge abschneidet.

6. Die fertigen Stangen kommen zum Trocknen auf Tabletts, dann in Plastiktüten. So werden sie verkauft.

Milch

In den meisten Ländern stammt die Milch zwar von Kühen, doch auch andere Tiere geben Milch. In Lappland geben Rentiere Milch, in Griechenland Ziegen und Schafe, in den Wüsten Nordafrikas sind es Kamele, in der Mongolei Pferde, Lamas in Peru und in Tibet die Yaks.

Milch enthält beinahe alle Nährstoffe, die unser Körper braucht: Fett, Proteine, Kohlenhydrate und die meisten Vitamine und Mineralien.

1. Auf den meisten Bauernhöfen werden die Kühe mit Melkmaschinen gemolken. Die Bauern setzen Saugnäpfe auf die Zitzen des Euters. Sie erzeugen Unterdruck und saugen etwas Milch ab, dann strömt wieder Luft ein, massiert und entspannt das Euter. Darauf folgt wieder saugender Unterdruck usw., bis das Euter leer gemolken ist.

2. Die Rohmilch fließt in einen keimfreien, gekühlten Tank. Tankwagen fahren sie in die Molkerei. Vorher prüft der Fahrer die Qualität der Milch.

3. In der Molkerei prüfen Laborangestellte die Milch erneut auf Qualität und Sauberkeit; dann wird sie in einen Lagertank gepumpt.

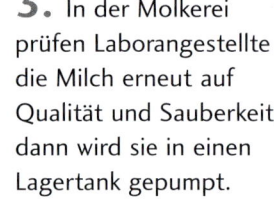

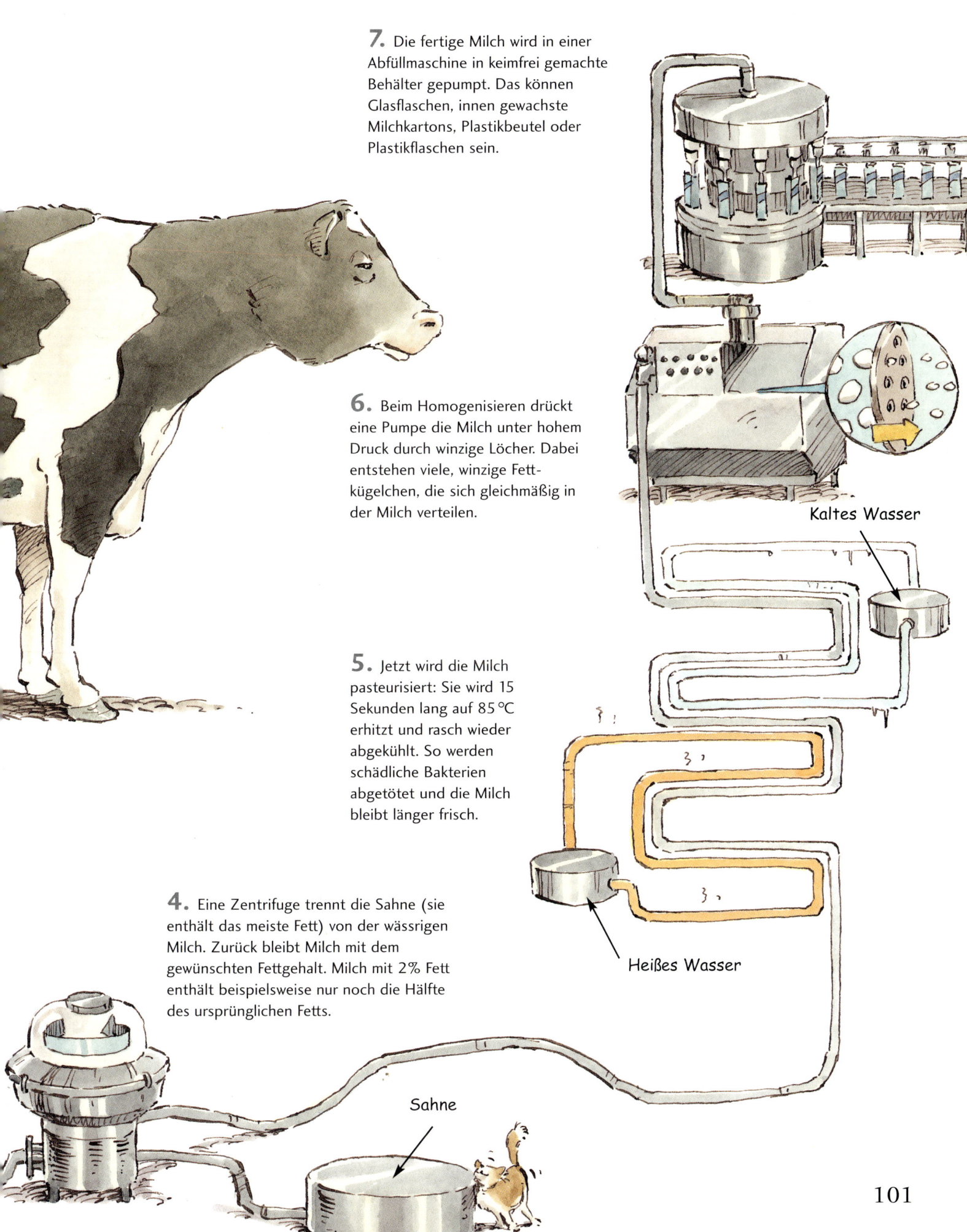

7. Die fertige Milch wird in einer Abfüllmaschine in keimfrei gemachte Behälter gepumpt. Das können Glasflaschen, innen gewachste Milchkartons, Plastikbeutel oder Plastikflaschen sein.

6. Beim Homogenisieren drückt eine Pumpe die Milch unter hohem Druck durch winzige Löcher. Dabei entstehen viele, winzige Fettkügelchen, die sich gleichmäßig in der Milch verteilen.

Kaltes Wasser

5. Jetzt wird die Milch pasteurisiert: Sie wird 15 Sekunden lang auf 85 °C erhitzt und rasch wieder abgekühlt. So werden schädliche Bakterien abgetötet und die Milch bleibt länger frisch.

Heißes Wasser

4. Eine Zentrifuge trennt die Sahne (sie enthält das meiste Fett) von der wässrigen Milch. Zurück bleibt Milch mit dem gewünschten Fettgehalt. Milch mit 2% Fett enthält beispielsweise nur noch die Hälfte des ursprünglichen Fetts.

Sahne

101

Nudeln

Hättest du gerne einen Teller mit kleinen Schnüren zu Mittag? Oder wie wäre es mit kleinen Würmern in Tomatensoße? Das ist nämlich die wörtliche Übersetzung von »Spaghetti« und »Vermicelli«, den italienischen Namen der beiden Nudelsorten.

Wer die Nudeln wirklich erfunden hat, ist nicht bekannt. Als Marco Polo 1295 aus China nach Italien zurückkehrte und von den chinesischen Nudeln erzählte, aßen die Italiener bereits ihre Pasta. Auf jeden Fall sind die leckeren Nudeln seit Jahrhunderten sehr beliebt!

1. Das Mehl für die Nudeln stammt vom Hartweizen. Er ist mit dem Brotweizen verwandt, enthält aber mehr Eiweiß.

4. Nun kommt der Teig in die eigentliche Nudelmaschine und wird durch Düsen gepresst. So erhalten die Nudeln die richtige Größe und Form. Ein Messer schneidet die Nudeln auf die gewünschte Länge.

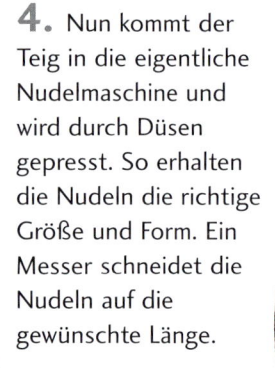

5. Das Trocknen ist besonders kritisch: Wenn die Nudeln nicht rasch austrocknen, kleben sie aneinander. Der erste Trockenofen senkt ihren Wassergehalt von 30 % auf 21 %.

WER LÖCHERT DIE NUDEL?

Makkaroni oder Spaghetti werden durch eine Düse gepresst, in deren Mitte ein Stift sitzt. Dadurch entsteht in der Mitte der Nudel ein Loch.

2. Das Mehl lagert in der Nudelfabrik in riesigen Silos. Bei Bedarf kommt es von dort in eine Knetmaschine. Warmes Wasser wird zugesetzt und große Rührer kneten die Mischung so lange, bis sie fest wird. Bei manchen Nudeln kommen jetzt noch Gewürze, andere Zutaten oder Eier dazu.

3. Eine zweite Knetmaschine knetet die Mischung unter Vakuum noch so lange, bis alle Luftblasen verschwunden sind und sich die Mischung in einen glatten Teig verwandelt hat.

6. Zum Schluss laufen die Nudeln durch einen weiteren, langen Trockenofen, wo sie 13 Stunden lang sehr langsam getrocknet werden. Wenn sie nur noch 12 % Wasser enthalten, fallen sie in die Packungen.

Erdnussbutter

Wer das Erdnussbutter-Sandwich erfunden hat, ist heute nicht mehr festzustellen. Aber wir wissen, dass der amerikanische Agrarforscher George Washington Carver die Erdnüsse als Anbaufrucht bekannt machte. Er hatte entdeckt, dass Tabak und Baumwolle dem Boden schadeten, und suchte nach einer geeigneten Pflanze als Ersatz. Um den Bauern einen Anreiz zum Anpflanzen von Erdnüssen zu geben, erfand er über 300 Produkte, die man aus Erdnüssen herstellen konnte, darunter eben auch die Erdnussbutter!

1. In besonderen Lagerhäusern für Erdnüsse werden die Früchte mit Gebläsen, Magneten und anderen Methoden von allen Verunreinigungen befreit. Fließbänder transportieren sie in Speichersilos.

2. Die gelagerten Nüsse werden nach Größe sortiert und kommen zur Schälmaschine. Walzen zerbrechen die Schalen, dann trennen Gebläse und Rüttelmaschinen die Nüsse (Samen) von den Schalen.

3. Eine weitere Sortiermaschine sortiert die Nüsse aus, die zu groß sind. Nach einer letzten Prüfung auf Farbe und Schäden werden die »passenden« Nüsse zur Erdnussbutterfabrik transportiert.

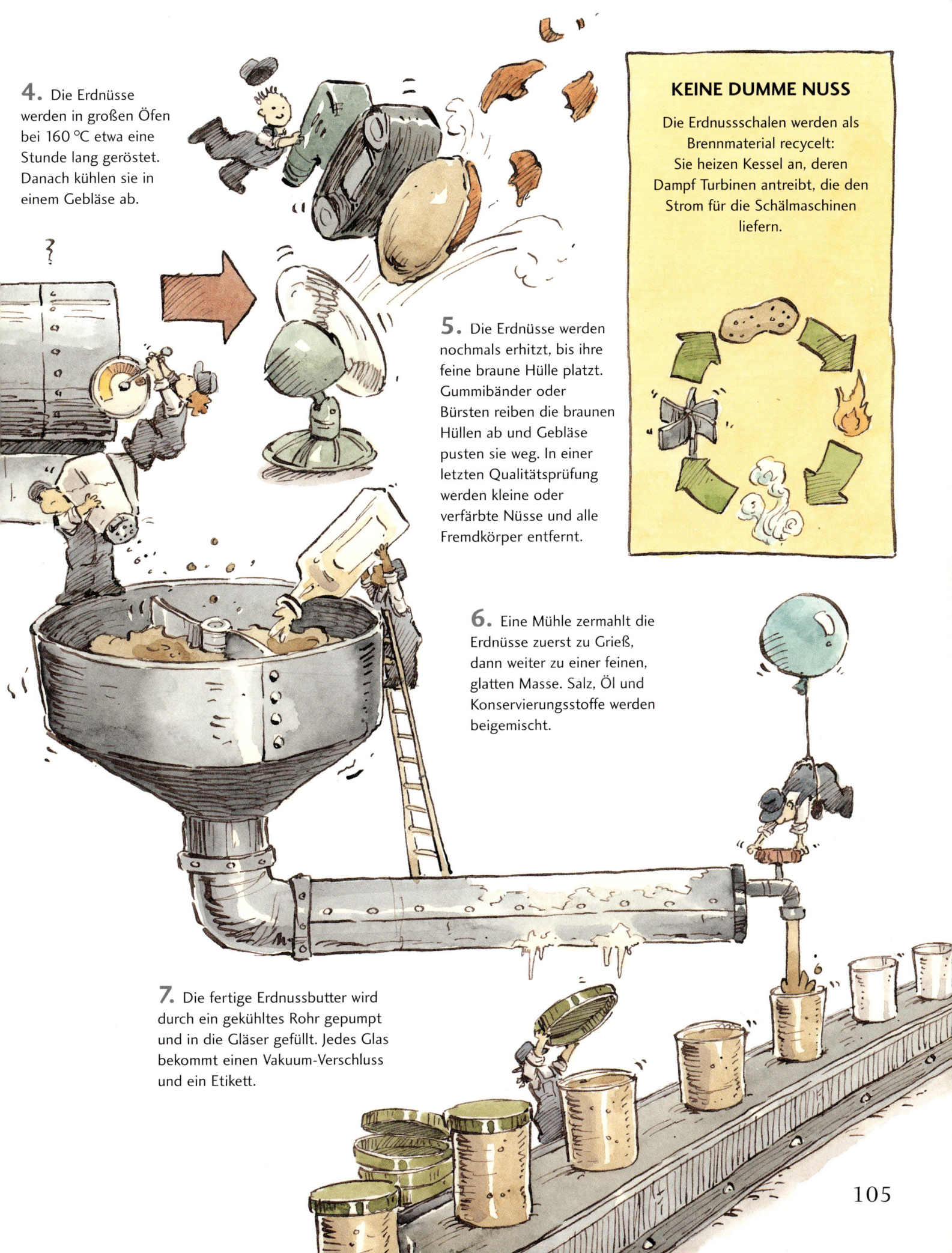

4. Die Erdnüsse werden in großen Öfen bei 160 °C etwa eine Stunde lang geröstet. Danach kühlen sie in einem Gebläse ab.

5. Die Erdnüsse werden nochmals erhitzt, bis ihre feine braune Hülle platzt. Gummibänder oder Bürsten reiben die braunen Hüllen ab und Gebläse pusten sie weg. In einer letzten Qualitätsprüfung werden kleine oder verfärbte Nüsse und alle Fremdkörper entfernt.

KEINE DUMME NUSS

Die Erdnussschalen werden als Brennmaterial recycelt: Sie heizen Kessel an, deren Dampf Turbinen antreibt, die den Strom für die Schälmaschinen liefern.

6. Eine Mühle zermahlt die Erdnüsse zuerst zu Grieß, dann weiter zu einer feinen, glatten Masse. Salz, Öl und Konservierungsstoffe werden beigemischt.

7. Die fertige Erdnussbutter wird durch ein gekühltes Rohr gepumpt und in die Gläser gefüllt. Jedes Glas bekommt einen Vakuum-Verschluss und ein Etikett.

105

Kartoffelchips

1. Frische Kartoffeln werden von Erde befreit und schwimmen in einer mit Wasser gefüllten Rutsche in die Schälmaschine.

Angeblich soll sich einst ein Gast im Restaurant über zu dicke Pommes frites beschwert haben. Also schnitt sie der verärgerte Koch hauchdünn und servierte sie erneut. Die Gäste liebten sie und ein neuer Knabberspaß war erfunden.

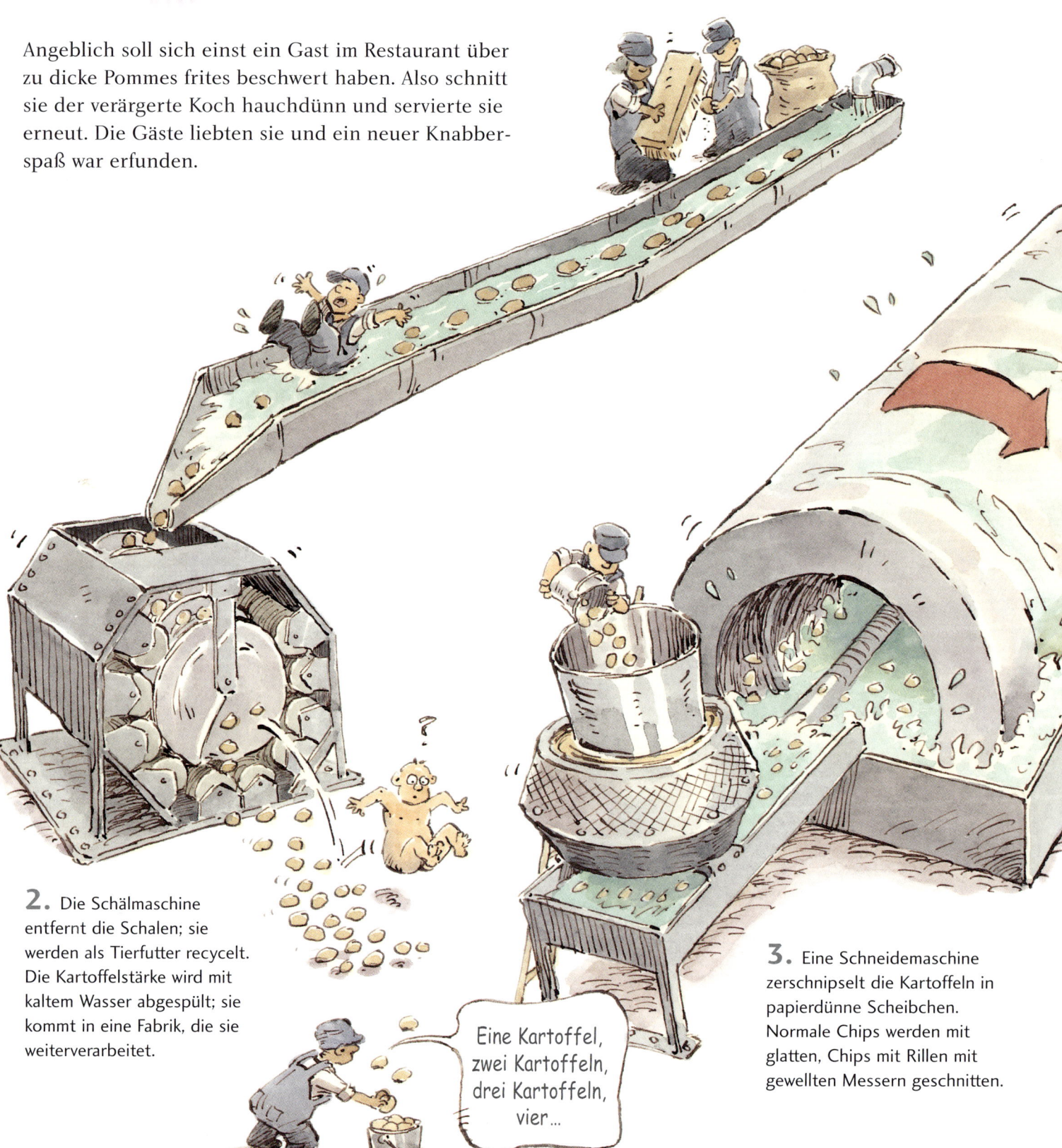

2. Die Schälmaschine entfernt die Schalen; sie werden als Tierfutter recycelt. Die Kartoffelstärke wird mit kaltem Wasser abgespült; sie kommt in eine Fabrik, die sie weiterverarbeitet.

Eine Kartoffel, zwei Kartoffeln, drei Kartoffeln, vier...

3. Eine Schneidemaschine zerschnipselt die Kartoffeln in papierdünne Scheibchen. Normale Chips werden mit glatten, Chips mit Rillen mit gewellten Messern geschnitten.

106

5. Dann laufen die Chips auf dem Fließband durch einen Trockner mit heißer Luft und fallen in einen Bottich mit kochendem Öl.

4. Die Chips fallen in eine riesige Trommel, die sich dreht. Dort werden sie wieder mit kaltem Wasser gewaschen und die Stärke wird abgespült.

6. Das Öl tropft ab und die Chips werden gesalzen. Chips mit Geschmack müssen nun noch durch eine Trommel, in der sie mit Gewürzen bestäubt werden.

SPASS IN DER FABRIK

Damit die Chips in der Tüte nicht zerkrümeln, testen die Hersteller, aus welcher Höhe sie fallen können, ohne zu zerbrechen.

7. Eine optische Kontrolle sortiert alle verbrannten Chips aus und bläst sie mit einem Luftstrahl vom Band. Nur die guten fallen in die Tüten. Von der Kartoffel bis zum Chip vergehen nur 15 Minuten.

107

Salz

In der Antike war Salz tatsächlich sein Gewicht in Gold wert. Die Römer bezahlten ihre Legionäre mit dem kostbaren Stoff. Das alte Wort »Salär« für Gehalt geht auf das lateinische Wort *sal* für Salz zurück.

Salz ist für unseren Körper lebenswichtig, weil es für den richtigen Wassergehalt in unserem Gewebe und in den Körperflüssigkeiten sorgt. Die ersten Menschen versorgten sich aus »Salzlecken«, das sind Stellen, wo unterirdisches Salz an die Erdoberfläche dringt. Salz war aber auch in dem Fleisch der Tiere enthalten, die sie jagten. Alles Salz unserer Erde stammt ursprünglich aus dem Meer.

2. Das geförderte Salz durchläuft eine weitere Sortiermaschine und wird zwischen Walzen so lange zerkleinert, bis die Stücke nur noch 8 cm groß sind. Ein Suchgerät sortiert mit einem Magneten Metallteile aus, die die Salzbrocken eventuell enthalten.

SONNENSALZ

Meerwasser enthält sehr viel Salz, während nur wenige Seen so salzig sind, dass sich die Salzgewinnung lohnt. So wird beispielsweise das Wasser aus dem großen Salzsee in Utah (USA) in eine Reihe von flachen Becken gepumpt. Das Wasser verdunstet unter der heißen Sonne und die Schmutzteilchen sinken zu Boden. Das übrig gebliebene Salz wird nochmals gereinigt, zu Haufen aufgestapelt und in der Sonne getrocknet.

1. Die Steinsalzbrocken, die im Salzbergwerk gefördert werden, kommen zunächst in eine Sortiermaschine. Die kleineren Stücke fallen durch, die größeren wandern in eine Maschine mit einer rotierenden Walze, die sie zu etwa 20 cm großen Brocken zerkleinert.

3. Schließlich wird das Salz zum dritten Mal zerkleinert, diesmal zu etwa 2,5 cm großen Stücken. Große Walzen zermahlen sie zu groben Salzkristallen, die schon für viele Zwecke geeignet sind, z. B. um Wasser »weicher« zu machen oder als Streumaterial für Straßen.

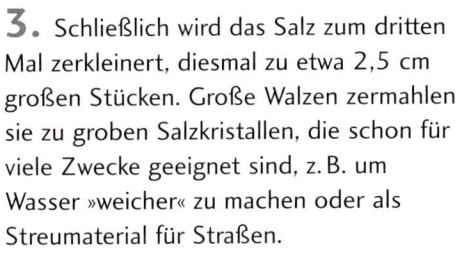

4. Für noch feineres Salz löst man die groben Stücke in Wasser zu einer »Sole« auf.

5. Die Sole fließt in einen »Vakuum-Verdampfer«; das sind meistens drei, teilweise mit Sole gefüllte Zylinder. Heißer Dampf bringt die Sole im ersten Zylinder zum Kochen. Wasserdampf steigt auf und wird über ein Rohr zum nächsten Zylinder geleitet. Dort erhitzt er die Sole wieder, usw. Am Boden der Zylinder setzt sich das Salz als eine Art Schlamm ab.

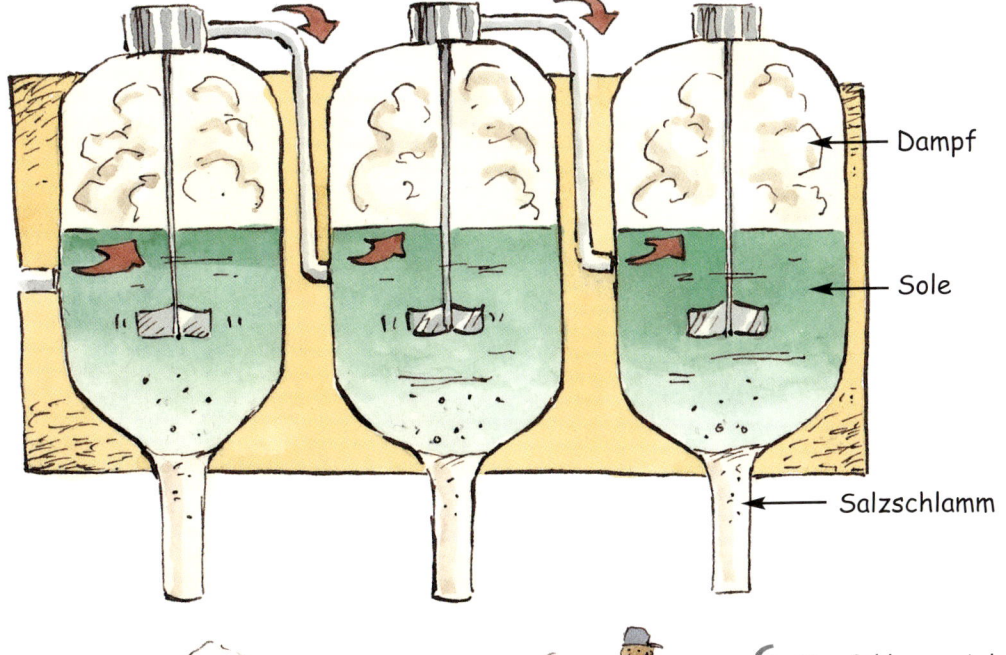

Dampf

Sole

Salzschlamm

6. Der Schlamm wird gefiltert, getrocknet und das Salz wird nach Größe gesiebt. Schließlich bleiben winzige, eckige Salzkristalle übrig.

SALZ AUS BOHRTÜRMEN

Man kann das Salz auch wie Öl mit Bohrtürmen fördern. Dazu pumpt man Wasser unter hohem Druck in einem Bohrschacht nach unten. Dort löst es das Salz eines Salzstocks zu Sole auf. Durch Spalten im Boden fließt die Sole bis zu einem zweiten Bohrloch und schießt nach oben. Dort kann man die Sole abpumpen und in einem Vakuum-Verdampfer Salz daraus gewinnen.

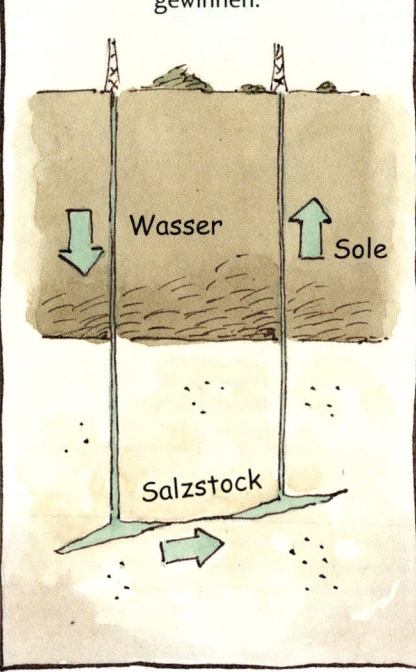

Wasser

Sole

Salzstock

7. Um jodiertes Speisesalz zu erhalten, wird jetzt Kaliumjodid zugefügt, dann wird das Salz verpackt und an die Läden geliefert.

109

Trinkwasser

Himmel, Erde und die Ozeane sind voller Wasser, das sich seit Anbeginn der Erde in einem ewigen Kreislauf bewegt. Es klingt zwar verrückt, aber es könnte sein, dass eines der Wassermoleküle in deinem Glas aus der Badewanne von Kleopatra stammt.

Im Wasser leben viele Tiere, nicht nur Frösche und Wale, sondern auch zahlreiche unsichtbare Lebewesen und leider auch gefährliche Bakterien. Manche Städte und viele Dörfer gewinnen ihr Wasser aus tief im Boden liegenden Quellen. Dieses Wasser ist gesund.

Die meisten Menschen trinken jedoch Wasser aus oberirdischen Quellen, etwa aus einem See oder Fluss. Dieses Wasser muss zuerst in Wasserwerken gründlich gereinigt werden.

1. In Seen, Flüssen oder Stauseen sammelt sich das Regenwasser. Auf seiner Reise hat es Schmutz, gefährliche Bakterien, Metalle, Chemikalien, aber auch Substanzen aufgenommen, die dem Wasser einen schlechten Geschmack oder Geruch verleihen.

3. In einem Tank wird das Wasser mit Chlor vermischt. Chlor tötet die Bakterien und unterstützt den Abbau von kleinsten Teilchen organischen Materials aus Pflanzen oder Tieren.

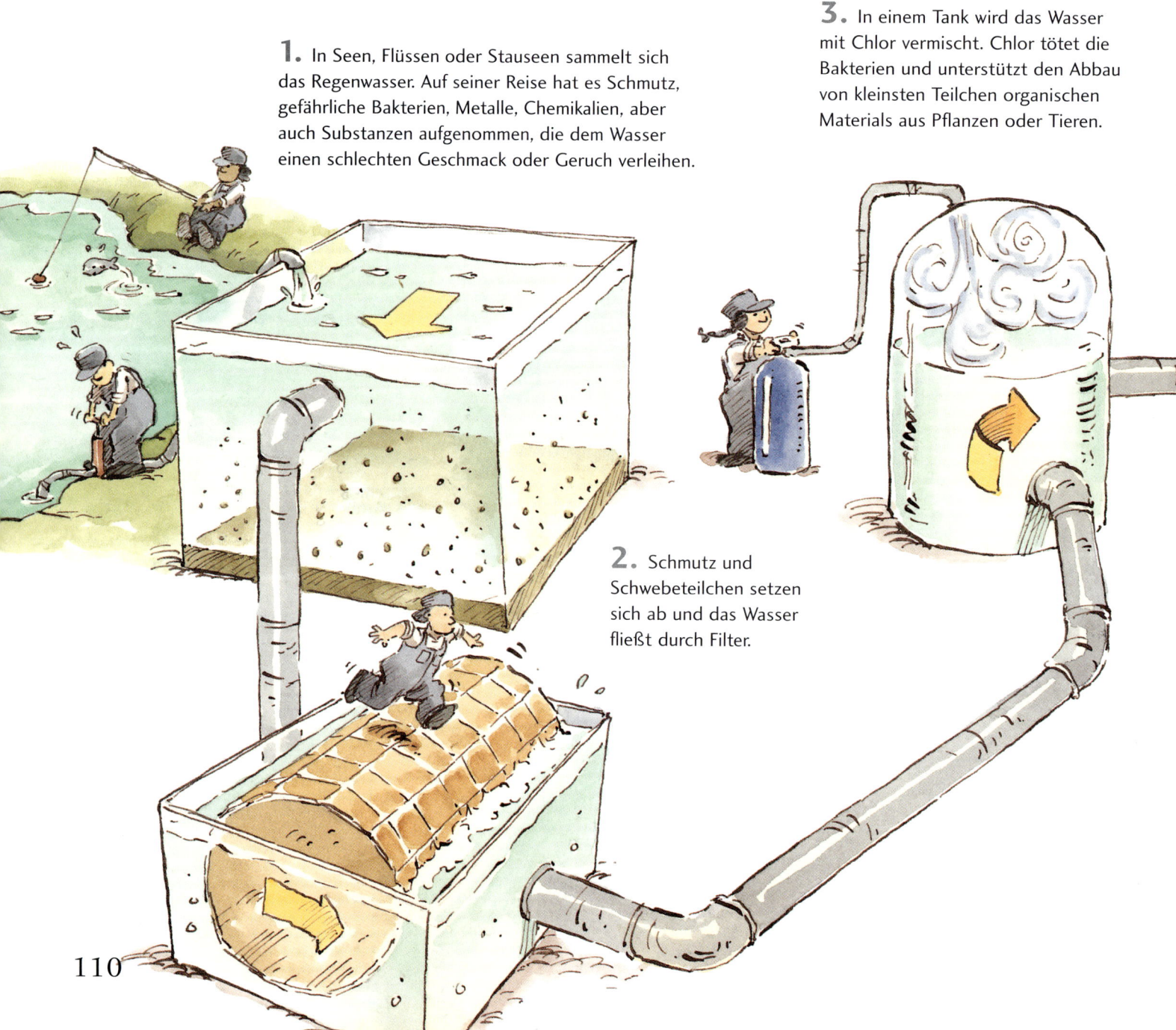

2. Schmutz und Schwebeteilchen setzen sich ab und das Wasser fließt durch Filter.

110

4. Im nächsten Tank verbinden sich die Schwebstoffe im Wasser mit Aluminiumsulfat und anderen Chemikalien zu schwereren Teilchen. Diese sinken ab und lassen sich aus dem Wasser entfernen.

HOHES WASSER

Wassertürme – das sind Türme mit einem hoch gelegenen Tank – stehen in vielen Städten und sorgen für gleichmäßige Wasserversorgung. Nachts, wenn die Menschen weniger Wasser verbrauchen, füllen die Pumpen den Tank mit Wasser. Am Tag fließt das Wasser von hoch oben aus dem Tank in die Leitungen und erleichtert den Pumpen die Arbeit.

5. Ein Aktivkohlefilter entfernt schlechten Geschmack und Gerüche. Große Wasserwerke fügen die Kohle bereits einen Schritt vorher bei und filtern sie später wieder aus.

7. Erst jetzt pumpen die Wasserwerke das saubere Wasser in unsere Leitungen. Dort wird es bei allen möglichen Gelegenheiten verbraucht: von der Feuerwehr, im Garten oder für Erfrischungsgetränke im Sommer.

6. Nun läuft das Wasser durch einen Sandfilter. Er besteht aus einer 75 cm dicken Schicht aus grobem Sand über einer dicken Schicht Kies. Hier werden alle restlichen Teilchen ausgefiltert.

111

Tee

Im 17. Jahrhundert führten die Engländer erstmals Tee aus China ein. Im Jahre 1904 wollte der New Yorker Kaufmann Thomas Sullivan Reklame für seine Tees machen: Er verschickte Teeproben, die er in Seidenbeutel eingenäht hatte. Die Kunden tauchten die Beutel in kochendes Wasser und schon war der Tee fertig, ganz ohne störende Teeblätter: Der Teebeutel war erfunden! Tee ist heute das beliebteste Getränk der Welt.

2. Die Blätter werden mit Walzen gebrochen und zerrissen; sie verlieren Feuchtigkeit und setzen ihr Aroma frei.

1. In den Teegärten pflücken Arbeiterinnen die Knospen und jüngsten Blättchen des Teestrauches und trocknen sie bis zu 20 Stunden in der Sonne.

3. Für schwarzen Tee werden die Blätter »fermentiert«, d. h. mit Hilfe von Wärme getrocknet und dann zerkleinert. Verschieden feine Siebe trennen die Blattstücke nach Größe.

4. Für manche Tees mischen die Teefirmen bis zu 40 verschiedene Sorten und fügen Aromen wie Apfelsinenschale, Pfefferminze oder Bergamotte (Pflanzenöl) hinzu.

EIN TEE FÜR ALLE FÄLLE

Es gibt viele Möglichkeiten, Tee zu machen. Pekoe-Tees von hoher Qualität enthalten nur die jüngsten, zartesten Blätter, die noch von Flaum bedeckt sind. Oolong-Tees werden nur kurz fermentiert und getrocknet. Die Blätter für grüne Tees werden mit Dampf behandelt und innerhalb von 24 Stunden nach der Ernte getrocknet – sie fermentieren gar nicht.

5. Für den Tee im Beutel legt eine Maschine kleine Teeportionen auf ein dünnes Filterpapier. Eine zweite Lage Filterpapier kommt darüber und deckt den Tee ab.

6. Nun werden die beiden Papierlagen durch den Druck einer warmen Rolle miteinander verbunden, ein Messer schneidet die Teebeutel aus und ab geht's in die Verpackung.

113

Jogurt

Die Menschen kennen Jogurt schon seit mindestens
5000 v. Chr. Damals weideten die Hirten in
Mesopotamien Schafe und Ziegen. Sie nutzten das
Fleisch, die Wolle und Milch und wussten vermutlich
bereits, wie man Jogurt herstellt. Heute wird Jogurt
in Fabriken produziert.

1. Tanklastwagen bringen die
Milch (siehe Milch, Seite 100)
in die Jogurtfabrik, wo sie
gereinigt und die Sahne
abgetrennt wird. Aus Sahne,
Milch und anderen Milch-
produkten wird eine Mischung
mit dem erwünschten Fettgehalt
hergestellt.

3. In einem Homogenisator
pressen Kolben die Fett-
kügelchen durch sehr enge
Siebe, damit das Fett gleichmäßig in der Milch verteilt ist
und der Jogurt kremig bleibt.

2. Diese Mischung
wird pasteurisiert: Sie
wird 30 Minuten lang
auf 85 °C erhitzt, bis
alle gefährlichen
Bakterien absterben
(Pasteurisieren).

Heißes Wasser

Ächz!

4. In den Gärungstanks sinkt die Temperatur auf 43–46 °C; eine spezielle Kultur aus Jogurtbakterien wird zugefügt, die die Milch in Jogurt verwandeln soll.

5. Die Milch bleibt etwa vier Stunden in den Tanks. In der Wärme vermehren sich die Bakterien und bauen den Milchzucker (Laktose) zu Milchsäure ab. Die Milch gärt und verwandelt sich in den dicken Jogurt.

Tick, tack...

6. Für einen Fruchtjogurt kocht man frische Früchte, Wasser, Stabilisatoren, Zucker und Aromastoffe zu einem Brei ein.

GESUNDE KEIME

Wer Jogurt isst, tut etwas für seine Gesundheit – das ist lange bekannt. Dem russischen Forscher Élie Metschnikoff fiel im 19. Jahrhundert auf, dass viele Bulgaren über 100 Jahre alt werden. Nach seinen Untersuchungen war er überzeugt, dass dafür auch der Jogurt verantwortlich war, den sie regelmäßig aßen.

7. Jogurt und Fruchtbrei werden in einem Tank vermischt und fließen von dort in die Jogurtbecher.

115

Stoffe und Kleidung

Jeans

Die ersten Jeans waren Arbeitshosen für Goldgräber. Um 1850 bot der Kurzwarenhändler Levi Strauss den Arbeitern Hosen aus starkem Baumwoll-Denim an. Die echten Bluejeans entstanden allerdings erst, als sich Strauss 1873 mit dem Schneider Jacob Davis zusammentat: Er war auf die Idee gekommen, die Hosen mit Nieten noch haltbarer zu machen. Später ließ man die Nieten an den Gesäßtaschen wieder weg, weil sie Stühle und Sättel beschädigen. Ansonsten sehen moderne Jeans genauso aus wie ihre Vorläufer vor 130 Jahren.
Der Denim wird in derselben Fabrik gewebt und gefärbt.

1. Die Baumwolle wird in Ballen geliefert, zu Garn gesponnen und auf große Spulen gewickelt (siehe Baumwolle, Seite 120). Das Garn läuft durch mehrere Bottiche mit indigoblauer Farbe. Dann wird es getrocknet und »geschlichtet« – eine aufgetragene Stärkelösung macht das Garn fester und steifer.

2. Aus blauem und weißem Garn weben große, mechanische Webstühle den Baumwoll-Denim. Da die blauen Fäden auf der Außenseite drei Viertel der Stofffläche ausmachen, sieht Denim blau aus. Der fertige Stoff wird gebürstet und vorgewaschen.

Baumwoll-Denim

Schiffchen

Schäfte

Webkamm

Blaues Garn

Weißes Garn

So funktioniert ein Webstuhl

118

3. Je nach Schnittmuster stanzen Maschinen 10–13 Stoffteile für eine Jeans aus. Solche Maschinen können durch einen Stapel aus 100 Lagen Stoff schneiden.

SEHR ALTE JEANS

Vielleicht geht der Name der Jeans auf die strapazierfähigen Hosen zurück, die Seeleute aus Genua (Italien) im 18. Jahrhundert trugen. »Denim« könnte von *serge de Nîmes* abstammen, dem Namen eines Stoffes, der in Nîmes (Frankreich) hergestellt wurde.

4. Die Teile werden am Fließband zusammengenäht. Dann werden Reißverschluss, Knöpfe, Nieten und Firmenschilder angebracht und die Säume genäht.

119

Baumwolle

Wenn du T-Shirts aus Baumwolle magst und auf Betttüchern aus Baumwolle schläfst, dann gehörst du zu den Millionen von Menschen, die von Baumwollstoffen tagsüber kühl und nachts warm gehalten werden.

Die Menschen in Pakistan und Westindien pflanzen seit mindestens 3000 v. Chr. Baumwolle an um Fasern daraus zu gewinnen. Heute wächst sie überall auf der Welt, vor allem dort, wo es warm und sonnig ist, z.B. im Süden der USA und in Teilen von Zentralchina.

Die Frucht (Kapsel) der Baumwollpflanze hat eine harte Schale. Wenn sie aufplatzt, dringen die winzigen Samen und lange, weiße Baumwollfasern ins Freie. Früher mussten diese Fasern von Hand geerntet werden. Ein Arbeiter brauchte einen ganzen Tag um die Samen aus einem Pfund Fasern zu lesen. Die von Eli Whitney 1793 erfundene »Entkörnungsmaschine« schaffte das 50-mal schneller. Innerhalb von 10 Jahren wurde in Amerika 250-mal mehr Baumwolle produziert als zuvor.

1. Automatische Pflückmaschinen zupfen vorsichtig die Fasern aus den Kapseln, ohne die restliche Pflanze zu beschädigen.

NICHTS VERSCHWENDEN

Von der Baumwolle wird nichts verschwendet: Mit den Fasern, die an den Samen haften bleiben, werden Polster gefüttert oder Viskose (siehe Viskose, Seite 124) hergestellt. Aus den zerquetschten Samen stellt man Speiseöl, Seife und Kerzen her. Der Rest wird an Tiere verfüttert oder dient als Dünger für den Boden.

Schmutz und Blätter

Samen

2. Die gepflückte Baumwolle kommt zur Entkörnung in die Fabrik. Entkörnungsmaschinen sortieren die Samen und Verunreinigungen heraus. Die Fasern werden gewaschen, getrocknet und zu Ballen gepresst. Die Ballen werden zur Baumwollspinnerei transportiert.

Ballen

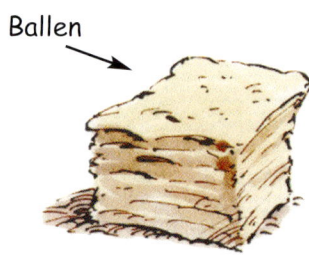

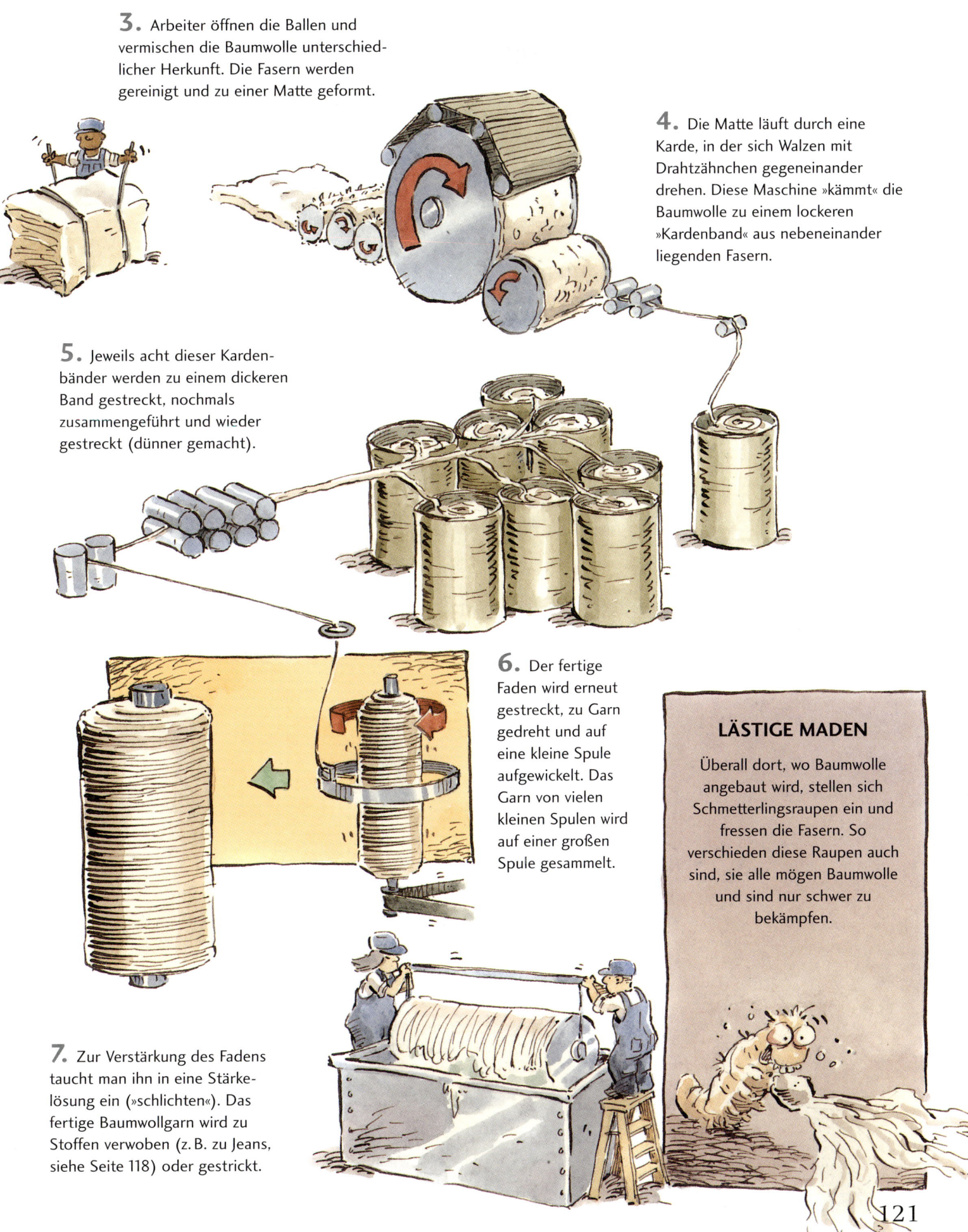

3. Arbeiter öffnen die Ballen und vermischen die Baumwolle unterschiedlicher Herkunft. Die Fasern werden gereinigt und zu einer Matte geformt.

4. Die Matte läuft durch eine Karde, in der sich Walzen mit Drahtzähnchen gegeneinander drehen. Diese Maschine »kämmt« die Baumwolle zu einem lockeren »Kardenband« aus nebeneinander liegenden Fasern.

5. Jeweils acht dieser Kardenbänder werden zu einem dickeren Band gestreckt, nochmals zusammengeführt und wieder gestreckt (dünner gemacht).

6. Der fertige Faden wird erneut gestreckt, zu Garn gedreht und auf eine kleine Spule aufgewickelt. Das Garn von vielen kleinen Spulen wird auf einer großen Spule gesammelt.

LÄSTIGE MADEN

Überall dort, wo Baumwolle angebaut wird, stellen sich Schmetterlingsraupen ein und fressen die Fasern. So verschieden diese Raupen auch sind, sie alle mögen Baumwolle und sind nur schwer zu bekämpfen.

7. Zur Verstärkung des Fadens taucht man ihn in eine Stärkelösung ein (»schlichten«). Das fertige Baumwollgarn wird zu Stoffen verwoben (z. B. zu Jeans, siehe Seite 118) oder gestrickt.

Polyester

Hast du schon mal gesehen, wie Hosen aus Baumwolle und Hosen aus Kunstfasern (Polyester) aus dem Trockner kommen? Baumwollhosen sind verknittert, während die Hosen aus Kunstfasern völlig glatt sind – man kann sie tragen, ohne sie vorher bügeln zu müssen.

Naturfasern sind prima, aber sie knittern leicht. Das war schon immer ein Problem – bis die Kunstfasern erfunden wurden.

Das Wort Polyester setzt sich aus zwei Bestandteilen zusammen: »poly« heißt »viele« und »Ester« sind chemische Verbindungen. Der wichtigste Baustein, das Ethylen, stammt aus Erdöl (siehe Erdöl, Seite 150).

1. Der Grundstoff wird in großen Kesseln bei hohen Temperaturen aus verschiedenen Chemikalien hergestellt. Die fertige Mischung wird als Band ausgepresst. Wenn das heiße Band abkühlt, wird es spröde.

SCHLUSS MIT BÜGELN!

Polyester kam 1951 auf den Markt. Damals machten die Hersteller Reklame mit einem Badeanzug, der 67 Tage getragen worden war – knitterfrei ohne Bügeln! Schon bald webten die Stoffhersteller Polyester-Fasern in alle ihre Stoffe ein.

2. Das Band wird in kleine Stücke zerschnitten, sie werden getrocknet und bis zur Verarbeitung gelagert.

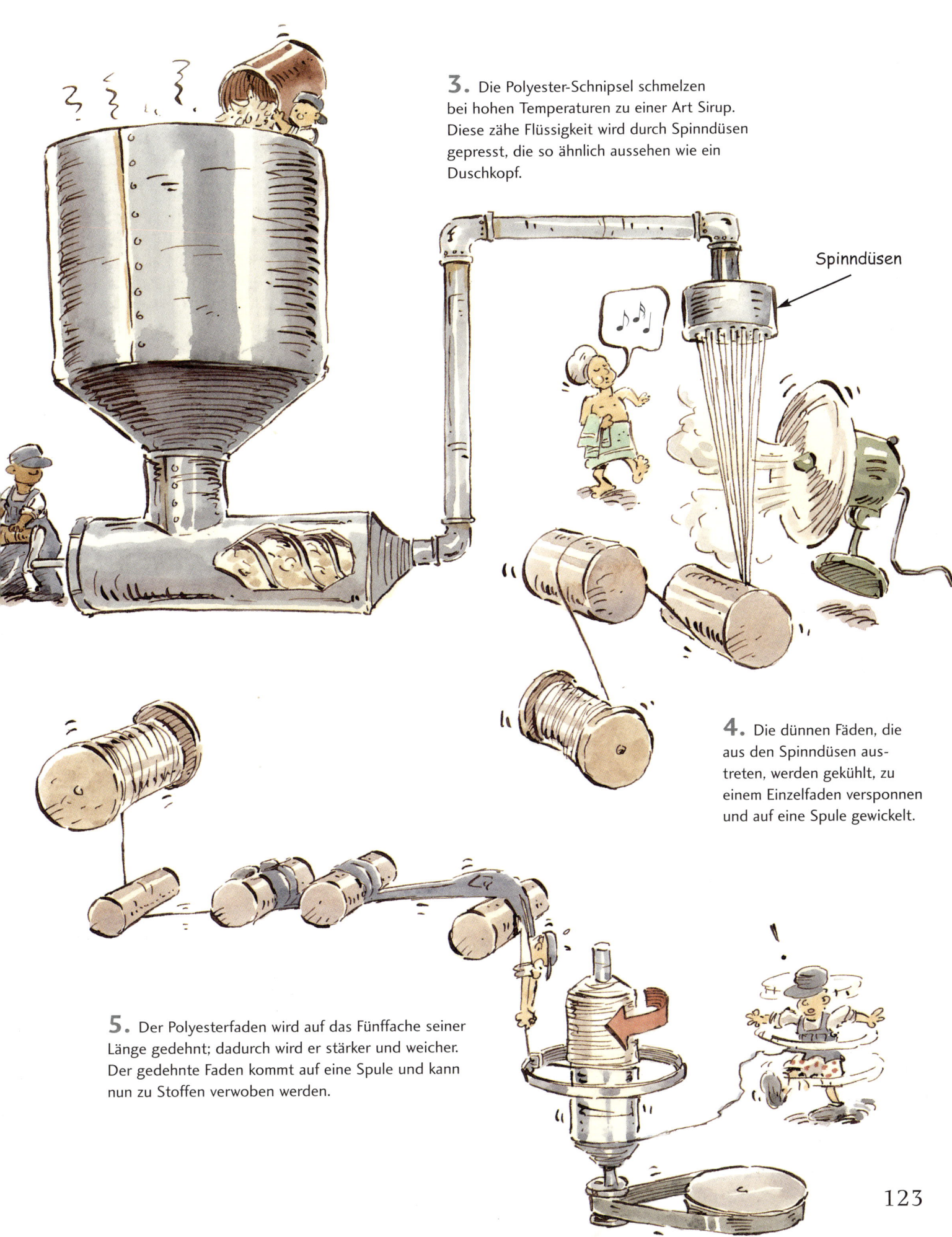

3. Die Polyester-Schnipsel schmelzen bei hohen Temperaturen zu einer Art Sirup. Diese zähe Flüssigkeit wird durch Spinndüsen gepresst, die so ähnlich aussehen wie ein Duschkopf.

Spinndüsen

4. Die dünnen Fäden, die aus den Spinndüsen austreten, werden gekühlt, zu einem Einzelfaden versponnen und auf eine Spule gewickelt.

5. Der Polyesterfaden wird auf das Fünffache seiner Länge gedehnt; dadurch wird er stärker und weicher. Der gedehnte Faden kommt auf eine Spule und kann nun zu Stoffen verwoben werden.

123

Viskose

Hast du ein Hemd, ein Kleid oder einen Rock aus Viskose? Sie fühlen sich so weich an, dass kaum jemand ahnt, woraus sie hergestellt wurde – aus Holzschnipseln.

Tatsächlich entstand die erste Viskose um 1860 in Frankreich als Ersatz für echte Seide. Als dort nämlich eine Krankheit viele Seidenraupen tötete, musste schleunigst ein Ersatz gefunden werden, denn die Herstellung von Seide war ein wichtiger Industriezweig. Zum Glück kam Graf Hilaire de Chardonnet die rettende Idee: Er benutzte die seidenartigen Fasern aus zerriebenen Holzschnipseln und die Überreste aus der Baumwollproduktion. Der neue Stoff konnte sich bald durchsetzen.

1. Holzbrei oder die Abfälle aus der Baumwollherstellung werden zu reiner Zellulose (siehe Papier, Seite 148) verarbeitet und in großen, weißen Platten an die Viskose-Fabrik geliefert.

4. Die »gelben Krümel« lösen sich in einem Bad aus Ätznatron auf; es entsteht eine dicke, honigfarbene Brühe. Diese Brühe darf vier bis fünf Tage lang reifen. Dann wird sie gefiltert um Verunreinigungen zu entfernen.

2. In einem Bottich mit Ätznatron wird die Zellulose eingeweicht, getrocknet und von einer Maschine zu Krümeln zermahlen. Die Krümel bleiben bis zu drei Tage in einem Metallbehälter liegen.

3. In einer rotierenden Trommel, die gasförmigen Schwefelkohlenstoff enthält, färben sich die Krümel gelb.

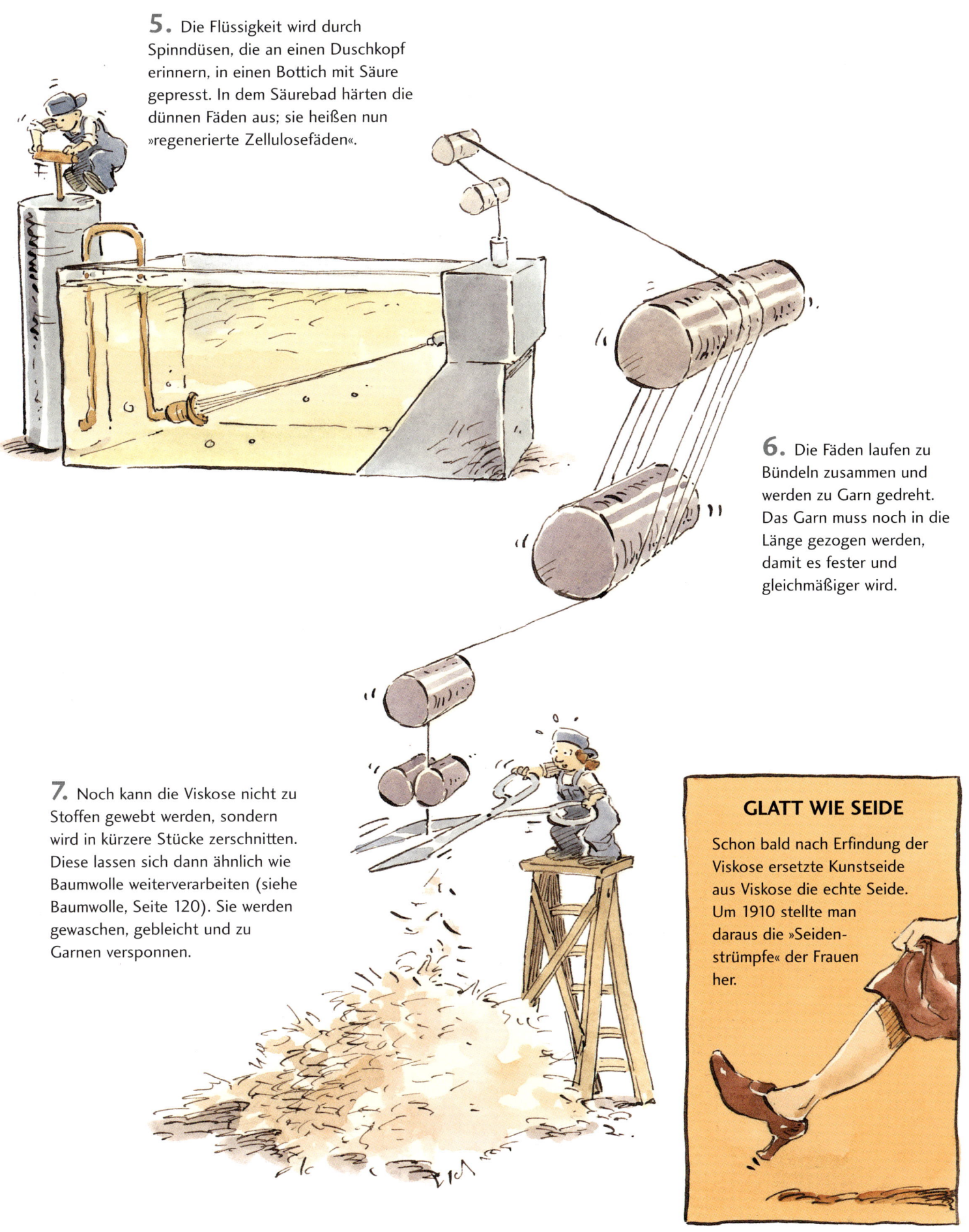

5. Die Flüssigkeit wird durch Spinndüsen, die an einen Duschkopf erinnern, in einen Bottich mit Säure gepresst. In dem Säurebad härten die dünnen Fäden aus; sie heißen nun »regenerierte Zellulosefäden«.

6. Die Fäden laufen zu Bündeln zusammen und werden zu Garn gedreht. Das Garn muss noch in die Länge gezogen werden, damit es fester und gleichmäßiger wird.

7. Noch kann die Viskose nicht zu Stoffen gewebt werden, sondern wird in kürzere Stücke zerschnitten. Diese lassen sich dann ähnlich wie Baumwolle weiterverarbeiten (siehe Baumwolle, Seite 120). Sie werden gewaschen, gebleicht und zu Garnen versponnen.

GLATT WIE SEIDE

Schon bald nach Erfindung der Viskose ersetzte Kunstseide aus Viskose die echte Seide. Um 1910 stellte man daraus die »Seidenstrümpfe« der Frauen her.

Turnschuhe

Heute scheint es mehr Turnschuhmodelle zu geben als Sterne am Himmel. Daher klingt es fast unglaublich, dass noch vor 100 Jahren die Menschen beim Sport ihre Straßenschuhe anhatten – oder barfuß liefen. Nachdem seit Ende des 19. Jahrhunderts wieder Olympische Spiele stattfanden, wurde Wettkampfsport immer populärer. Die Sportler wünschten sich spezielle Schuhe für Tennis, Fußball, Baseball oder zum Laufen. Etwa um diese Zeit entstanden auch erste Modelle aus Segeltuch, doch die meisten Sportler bevorzugten Lederschuhe. Erst nach dem Ende des 2. Weltkrieges setzten sich Schuhe aus leichterem Material wie Nylon durch.

Besonders kuriose Schuhe trug der japanische Gewinner des Boston-Marathons im Jahre 1951: Nach japanischer Tradition war der dicke Zeh durch einen Einschnitt vom Restschuh getrennt.

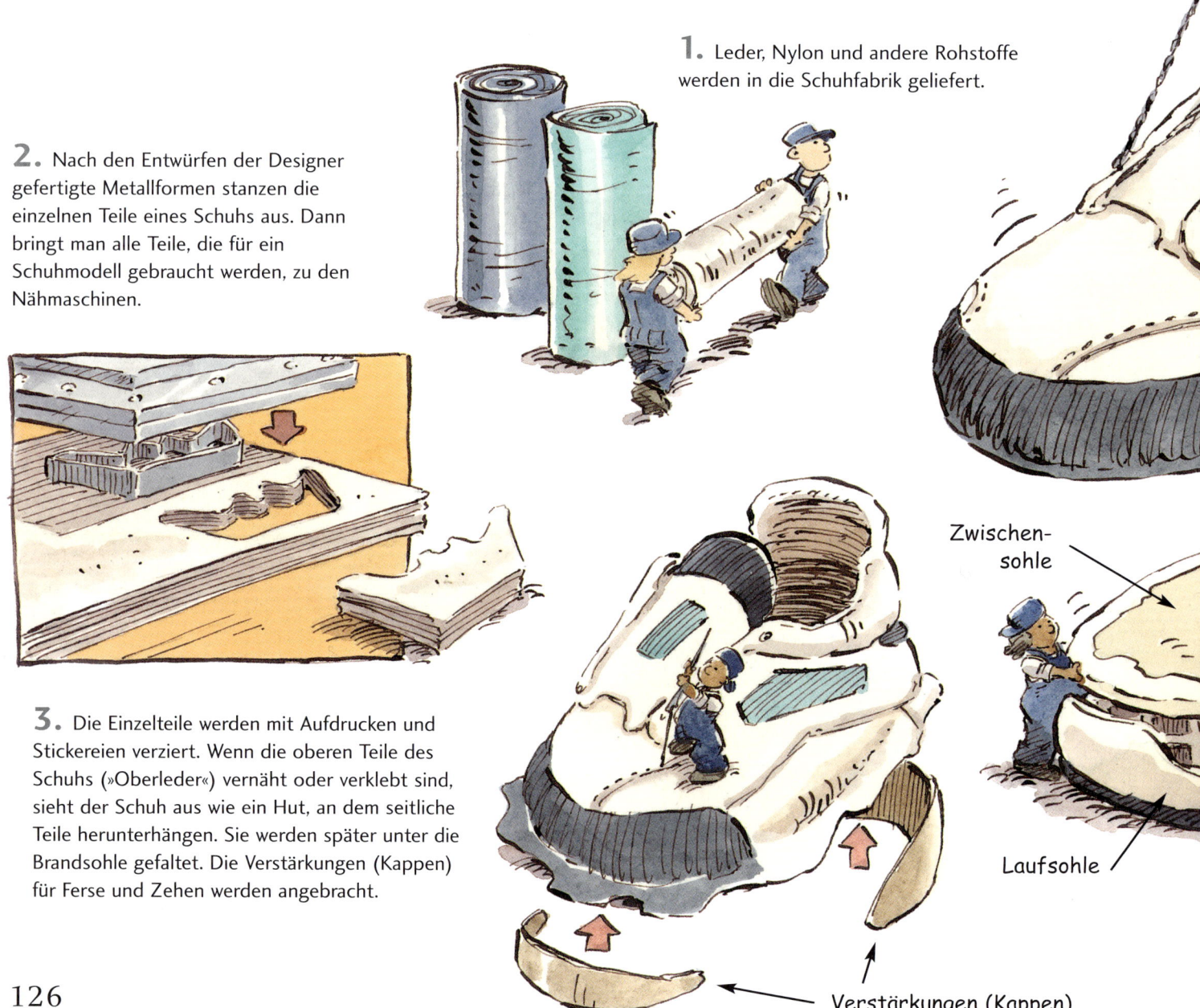

1. Leder, Nylon und andere Rohstoffe werden in die Schuhfabrik geliefert.

2. Nach den Entwürfen der Designer gefertigte Metallformen stanzen die einzelnen Teile eines Schuhs aus. Dann bringt man alle Teile, die für ein Schuhmodell gebraucht werden, zu den Nähmaschinen.

3. Die Einzelteile werden mit Aufdrucken und Stickereien verziert. Wenn die oberen Teile des Schuhs (»Oberleder«) vernäht oder verklebt sind, sieht der Schuh aus wie ein Hut, an dem seitliche Teile herunterhängen. Sie werden später unter die Brandsohle gefaltet. Die Verstärkungen (Kappen) für Ferse und Zehen werden angebracht.

Zwischen-
sohle

Laufsohle

Verstärkungen (Kappen)

5. Dann legt man die Brandsohle unter eine Fußform (»Leisten«). Eine Maschine zieht das Oberleder vorsichtig und glatt über den Leisten und verklebt es mit der Brandsohle. Die beiden äußeren Sohlen (Zwischensohle und Laufsohle) werden auf die Brandsohle geklebt.

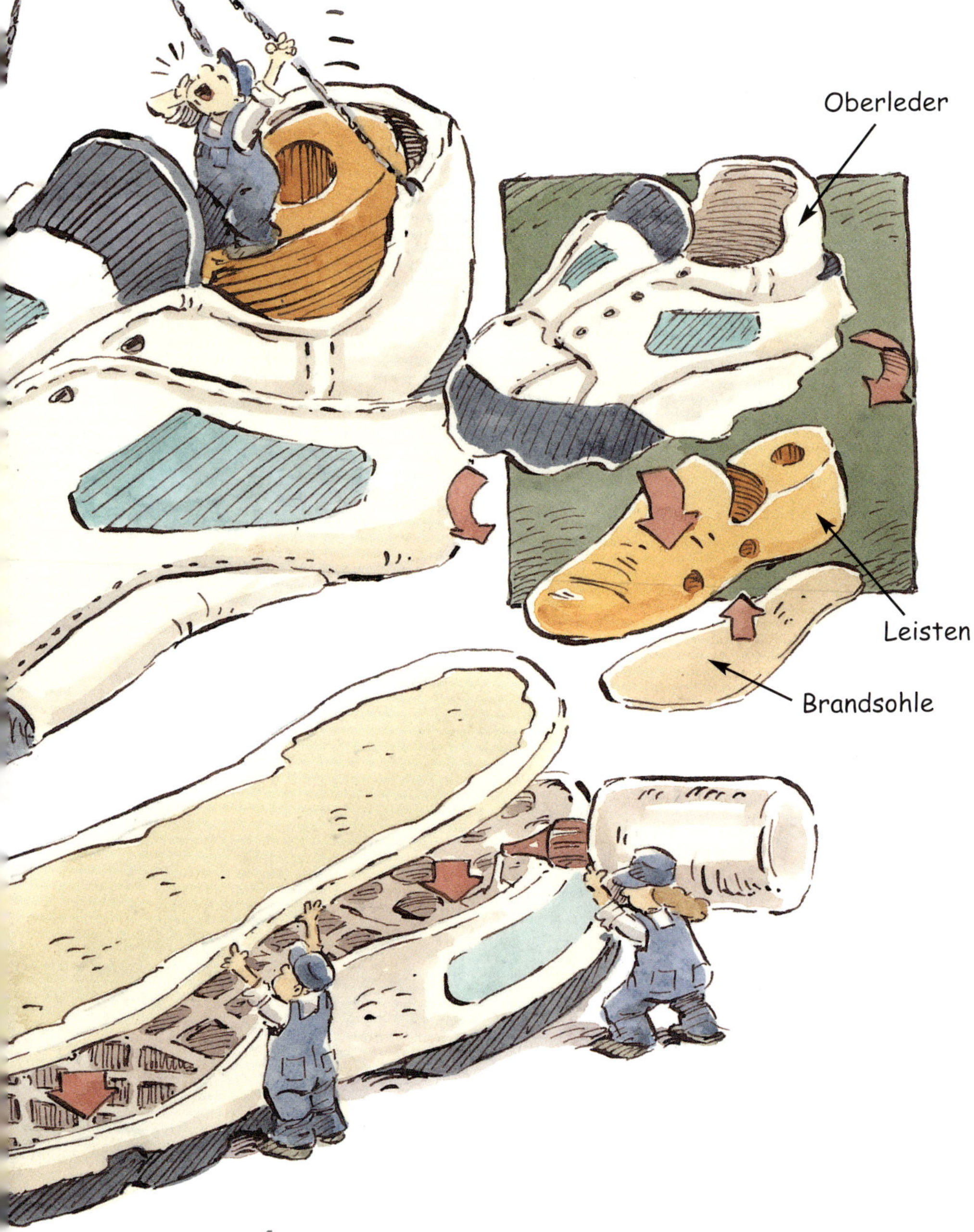

Oberleder

Leisten

Brandsohle

4. Zuerst wird die Zwischensohle – sie polstert den Fuß weich ab – auf die Laufsohle geklebt. Die bildet die eigentliche Schuhsohle.

6. Der Leisten wird aus dem Schuh gezogen und die Schnürsenkel eingefädelt. Nach einer letzten Überprüfung wird der überschüssige Leim entfernt und die Schuhe werden zu Paaren zusammengestellt und verpackt.

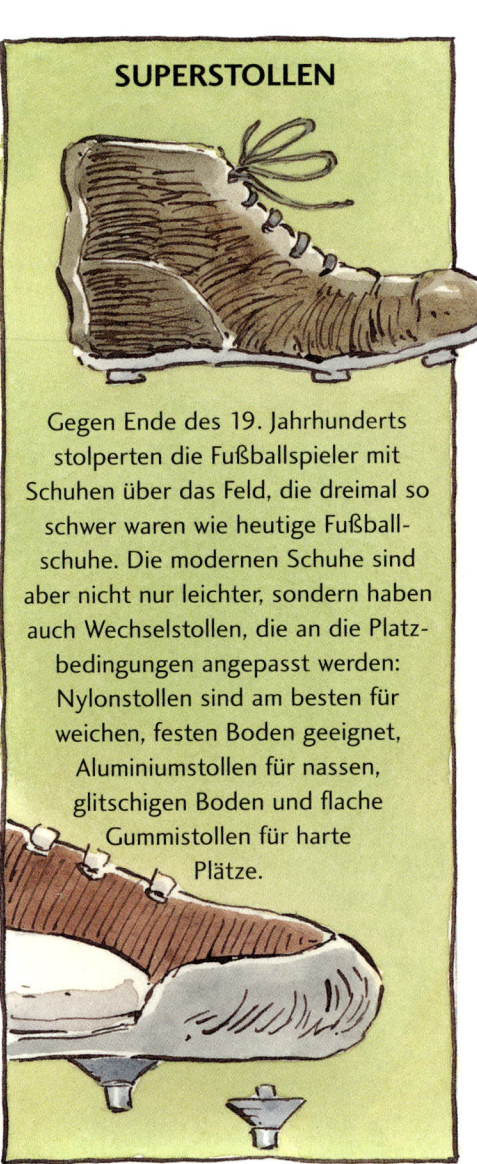

SUPERSTOLLEN

Gegen Ende des 19. Jahrhunderts stolperten die Fußballspieler mit Schuhen über das Feld, die dreimal so schwer waren wie heutige Fußballschuhe. Die modernen Schuhe sind aber nicht nur leichter, sondern haben auch Wechselstollen, die an die Platzbedingungen angepasst werden: Nylonstollen sind am besten für weichen, festen Boden geeignet, Aluminiumstollen für nassen, glitschigen Boden und flache Gummistollen für harte Plätze.

Seide

Die Legende erzählt, dass eine chinesische Prinzessin vor langer Zeit im Garten ihres Palastes saß. Da fiel der Kokon einer Seidenraupe von einem Maulbeerbaum und landete in ihrem Tee. In der Hitze löste sich der Kokon auf und die Prinzessin entdeckte den Seidenfaden.

Vielleicht ist es nicht genau so gewesen. Fest steht, dass auch die modernsten Seidenfabriken nicht auf die Motte von *Bombyx mori* (Seidenraupenspinner) verzichten können. Sie legt 300–400 Eier in einen Maulbeerbaum, aus denen die Seidenraupen schlüpfen.

1. Die Seidenmacher züchten die besten Eier in einem Brutkasten und füttern die winzigen Raupen mit fein zerteilten Maulbeerblättern.

2. Nach 20–35 Tagen sind die Raupen etwa 9 cm lang und ändern ihre Farbe von Grau nach Rosa.

Bombyx mori

3. Jede Raupe verankert sich an einem Gestell und spinnt ihren Kokon: Sie bewegt den Kopf hin und her und scheidet dabei aus zwei Spinndrüsen unter den Kiefern einen Doppelfaden Seide aus.

4. Der Faden besteht aus Fibroin und ist mit einer klebrigen Substanz (Seidenleim oder Sericin) überzogen. Wenn es mit Luft in Berührung kommt, wird Sericin hart. Die Raupe kapselt sich völlig ein und verwandelt sich in eine Puppe.

8. Die abgewickelten Fäden werden zu Strängen gedreht, gebündelt und in Ballen verpackt. Sie werden an die Seidenfabriken geliefert, die daraus Stoffe weben.

7. Jeweils fünf bis acht Fäden laufen durch eine Öse aus Porzellan und werden auf eine Spule gerollt. Wenn ein Kokon abgerollt ist, verbindet man das Fadenende mit einem neuen Faden des nächsten Kokons; so entsteht ein langer Seidenfaden.

6. In der Seidenfabrik werden die Kokons nach Farbe und Größe sortiert und in heißes Wasser geworfen. Darin weicht das Sericin auf und die Fäden lösen sich voneinander.

LANG UND STARK

Für einen einzigen Kokon spinnen die Raupen einen 610 m langen Seidenfaden. Er ist stärker als ein gleich dicker Draht aus Stahl.

5. Da man Seide nur aus einem unbeschädigten Kokon gewinnen kann, tötet man die Puppen mit Hitze, bevor die Motten schlüpfen und dabei den Kokon zerstören.

Wolle

Zum Glück brauchen wir keine wilden Tiere mehr zu jagen, wenn wir Kleidung brauchen. Etwa 4000 v. Chr. erkannten nämlich die Sumerer (im heutigen Irak), wie man Naturfasern zu Stoffen webt. Am wärmsten war die Wolle von Schafen, also hüteten sie große Schafherden, die ihnen Wolle, Milch und Fleisch lieferten.
Geschoren werden die Schafe im Frühling, weil sie nach dem Winter besonders viel Wolle haben.

1. Ein Helfer drückt das Schaf zu Boden und fesselt seine Beine. Der Scherer schneidet die Wolle mit einer elektrischen Schere ab, dann wird das Schaf wieder freigelassen – ihm wächst ein neues, wolliges Fell. Die geschorene Wolle nennt man »Vlies«.

2. Die Vliese bleiben zunächst in einem Stück. Wenn sie zerteilt werden, wird die Wolle nach Qualität sortiert: Die beste Wolle sitzt auf den Schultern und den Seiten.

3. In großen Bottichen werden Schmutz, Talg und getrockneter Schafsschweiß von der Rohwolle abgewaschen. Dann quetschen Rollen fast alles Wasser aus der Wolle heraus.

4. Die feuchte Wolle läuft durch eine Karde – eine Reihe von Walzen, die wie Haarbürsten mit Metallzähnchen aussehen. Die Wollfäden strecken sich, werden weiter gesäubert und bilden lockere, lange Bänder.

Kardenband

Vorgarn

5. Die Kardenbänder werden verdichtet, gezogen und verdreht, bis sich bleistift- dicke Fäden (Vorgarn) bilden. Daraus spinnt man das Wollgarn und wickelt es auf Spulen.

6. Die Garnspulen werden in großen Kesseln mit Farblösungen gefärbt.

Wollgarn

7. Wenn das Wollgarn trocken ist, lässt es sich zu Stoffen weben oder zu Kleidungsstücken stricken.

KANINCHENWOLLE?

Nicht nur Schafe liefern Wolle, sondern auch bestimmte Kamelarten, Ziegen und sogar Kaninchen.

131

Arbeitshandschuhe

Schon immer haben die Menschen versucht, ihre Hände vor Kälte, Hitze und spitzen Gegenständen zu schützen, mit denen sie in der Natur zu tun hatten. Moderne Arbeitshandschuhe bestehen aus unterschiedlichem Material, von Leder bis Latex (Gummi). PVC-Handschuhe tragen einen Überzug aus Polyvinylchlorid. Dieser Kunststoff ähnelt dem Polyethylen (siehe Kunststoff, Seite 152) und wird vielfältig verwendet: für Wasserrohre ebenso wie für Regenmäntel. PVC-Handschuhe sind haltbar, wasserdicht und schützen vor Chemikalien. Daher werden sie von vielen Arbeitern getragen, z. B. in der Ölindustrie oder von Fischern.

1. Eine hydraulische Presse stanzt mit einer Metallform Teile aus bis zu 20 Lagen von Baumwollstoff. Aus diesen Teilen werden die Handschuhe hergestellt.

2. Mit einer Nähmaschine werden die Teile »links herum« zusammengenäht. Den Schluss bildet ein elastisches Bündchen.

4. Für PVC-Handschuhe kommen die Baumwollhandschuhe wieder über Metallformen. Sie haben einen abnehmbaren Daumen, damit man sie am Ende der Produktion leichter abziehen kann.

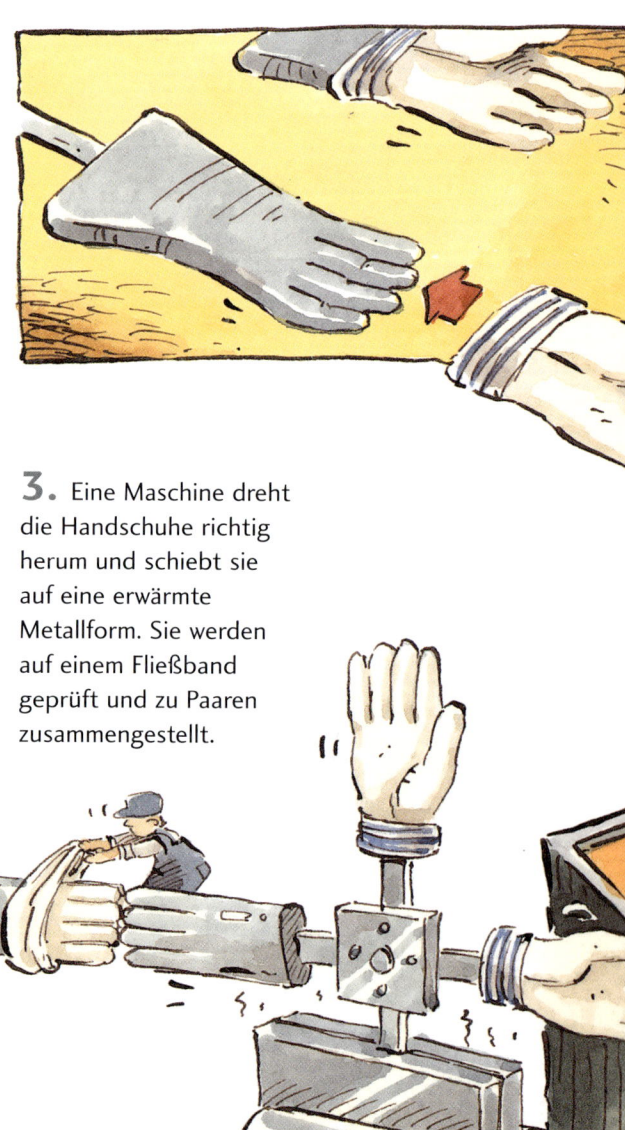

3. Eine Maschine dreht die Handschuhe richtig herum und schiebt sie auf eine erwärmte Metallform. Sie werden auf einem Fließband geprüft und zu Paaren zusammengestellt.

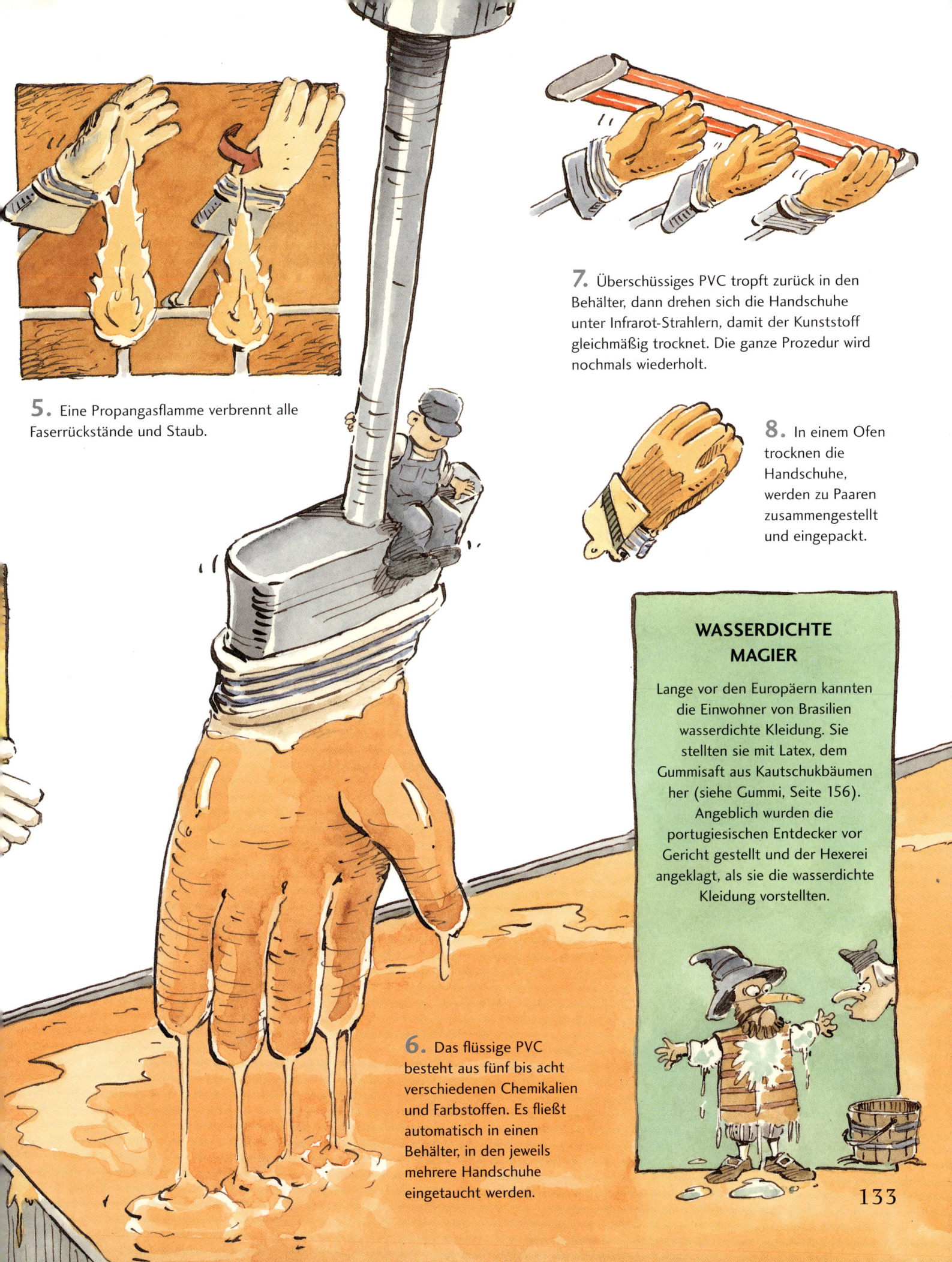

5. Eine Propangasflamme verbrennt alle Faserrückstände und Staub.

7. Überschüssiges PVC tropft zurück in den Behälter, dann drehen sich die Handschuhe unter Infrarot-Strahlern, damit der Kunststoff gleichmäßig trocknet. Die ganze Prozedur wird nochmals wiederholt.

8. In einem Ofen trocknen die Handschuhe, werden zu Paaren zusammengestellt und eingepackt.

6. Das flüssige PVC besteht aus fünf bis acht verschiedenen Chemikalien und Farbstoffen. Es fließt automatisch in einen Behälter, in den jeweils mehrere Handschuhe eingetaucht werden.

WASSERDICHTE MAGIER

Lange vor den Europäern kannten die Einwohner von Brasilien wasserdichte Kleidung. Sie stellten sie mit Latex, dem Gummisaft aus Kautschukbäumen her (siehe Gummi, Seite 156). Angeblich wurden die portugiesischen Entdecker vor Gericht gestellt und der Hexerei angeklagt, als sie die wasserdichte Kleidung vorstellten.

133

Rohstoffe

Aluminium

Aluminium ist zwar das häufigste Metall auf der Erde, kommt aber nie in reiner Form vor. Es verbindet sich mit Wasser und anderen Elementen zum Bauxit. Bauxit findet man vorwiegend in tropischen und subtropischen Ländern, z. B. in Jamaika. Es ist leicht zu fördern, allerdings ist es schwierig, daraus Aluminium zu gewinnen. Weil man dazu große Mengen an Elektrizität braucht, wird das Bauxit in Industrieländer verschifft, wo viel Strom zu annehmbaren Preisen zur Verfügung steht.

Beginnen wir mit 5 Tonnen Bauxit und sehen, was passiert.

1. Das Bauxitgestein wird zu Pulver zerstampft.

2. Eine Mischung aus Bauxitpulver, Wasser und Natronlauge wird in einem Reaktionsgefäß zu einer Paste gemischt. Das Natron geht unter Druck und in der Hitze eine Verbindung mit dem Aluminium aus dem Bauxit ein: Es entsteht das so genannte Natrium-Aluminat.

ENERGIE SPAREN

Es zahlt sich aus, Getränkedosen aus Aluminium zu recyceln. Um daraus wieder Aluminium herzustellen, braucht man nur 5 % der Energie, die nötig war, um das Metall aus Bauxit zu gewinnen.

3. Der nicht gebrauchte Erzabfall (»Rotschlamm«) wird ausgefiltert und abgepumpt.

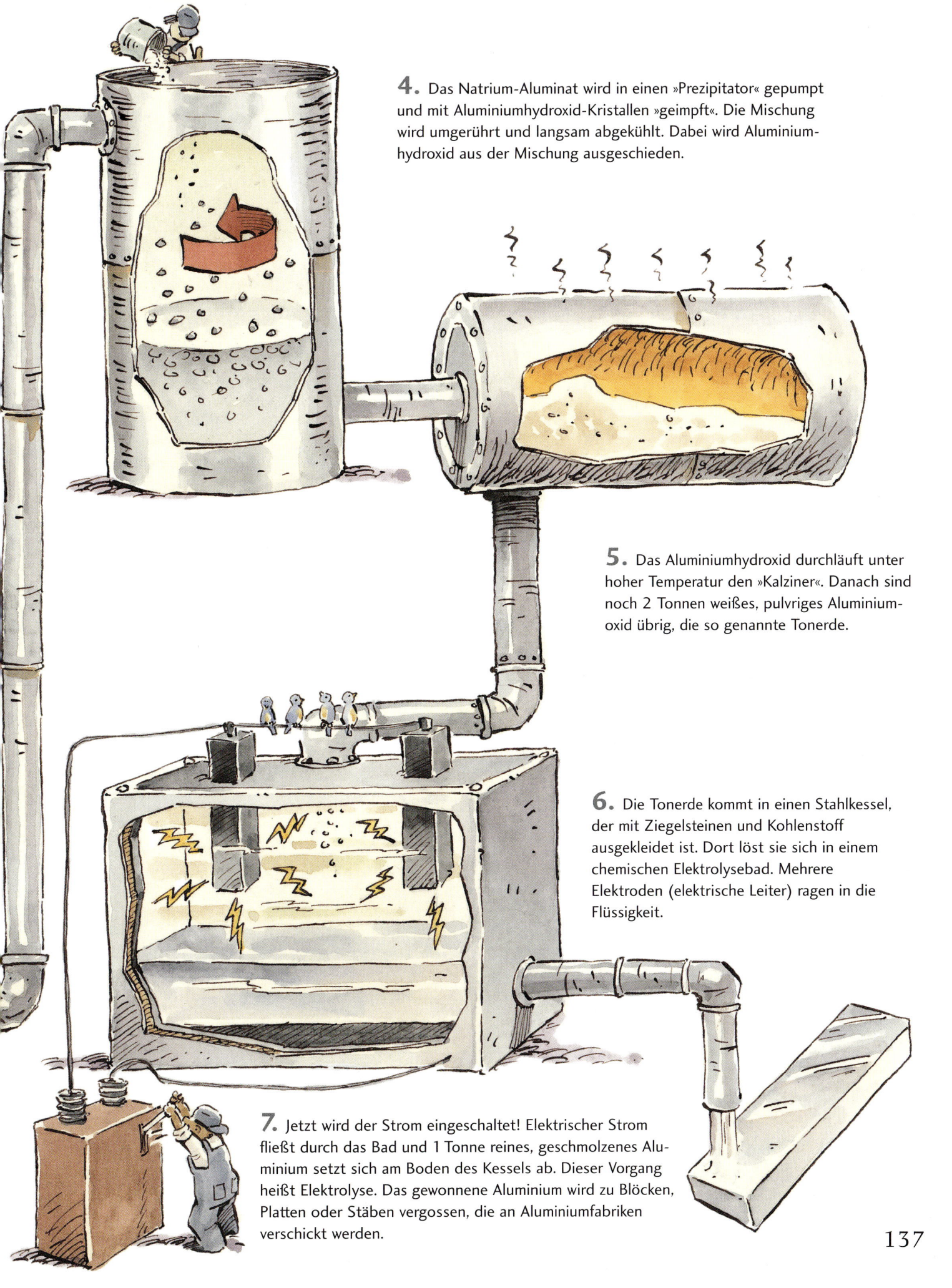

4. Das Natrium-Aluminat wird in einen »Prezipitator« gepumpt und mit Aluminiumhydroxid-Kristallen »geimpft«. Die Mischung wird umgerührt und langsam abgekühlt. Dabei wird Aluminiumhydroxid aus der Mischung ausgeschieden.

5. Das Aluminiumhydroxid durchläuft unter hoher Temperatur den »Kalziner«. Danach sind noch 2 Tonnen weißes, pulvriges Aluminiumoxid übrig, die so genannte Tonerde.

6. Die Tonerde kommt in einen Stahlkessel, der mit Ziegelsteinen und Kohlenstoff ausgekleidet ist. Dort löst sie sich in einem chemischen Elektrolysebad. Mehrere Elektroden (elektrische Leiter) ragen in die Flüssigkeit.

7. Jetzt wird der Strom eingeschaltet! Elektrischer Strom fließt durch das Bad und 1 Tonne reines, geschmolzenes Aluminium setzt sich am Boden des Kessels ab. Dieser Vorgang heißt Elektrolyse. Das gewonnene Aluminium wird zu Blöcken, Platten oder Stäben vergossen, die an Aluminiumfabriken verschickt werden.

137

Ziegelsteine

Kennst du die Geschichte von den drei Schwein-
chen? Der böse Wolf hatte keine Schwierigkeiten,
das Haus aus Stroh und das Haus aus Holz
umzublasen, aber das Ziegelhaus hielt stand.
Um 4000 v. Chr. wurden im Nahen Osten die ersten
Ziegelsteine gebrannt. Wenn das Feuer sehr heiß ist,
entstehen harte Ziegel. Das geht natürlich sehr viel
einfacher, als Steine aus Felsen zu hauen. Nach dem
Untergang des Römischen Reiches geriet das
Ziegelmachen beinahe in Vergessenheit. Erst die
Holländer erfanden es im 13. Jahrhundert neu.
Bis ins 20. Jahrhundert wurden viele Gebäude und
sogar Straßen aus Ziegeln gebaut. Heute sind sie
nur noch ein Material unter vielen. Außerdem gibt
es inzwischen bessere Produktionsmethoden und
leichtere Ziegel.

1. Natürliche Materialien wie
weißer Ton oder Schieferton
werden zerkleinert und
zermahlen. Anschließend
werden größere Teile
ausgesiebt.

2. Eine gewaltige Rührmaschine
mischt Wasser dazu, knetet die
Masse mit rotierenden Messern und
leitet die Tonmischung weiter an
eine Tonpresse.

4. Nachdem er im Ofen
gebrannt wurde, wird der Ton
rot aussehen. Wenn eine
andere Farbe gewünscht wird,
bedeckt man den Tonstrang
mit Sand, der verschiedene
Mineralien enthält (z. B. Zink
oder Eisen).

3. Die Tonpresse drückt den Ton durch
eine viereckige Metalldüse; sie presst den Ton
als unendlichen Strang aus.

138

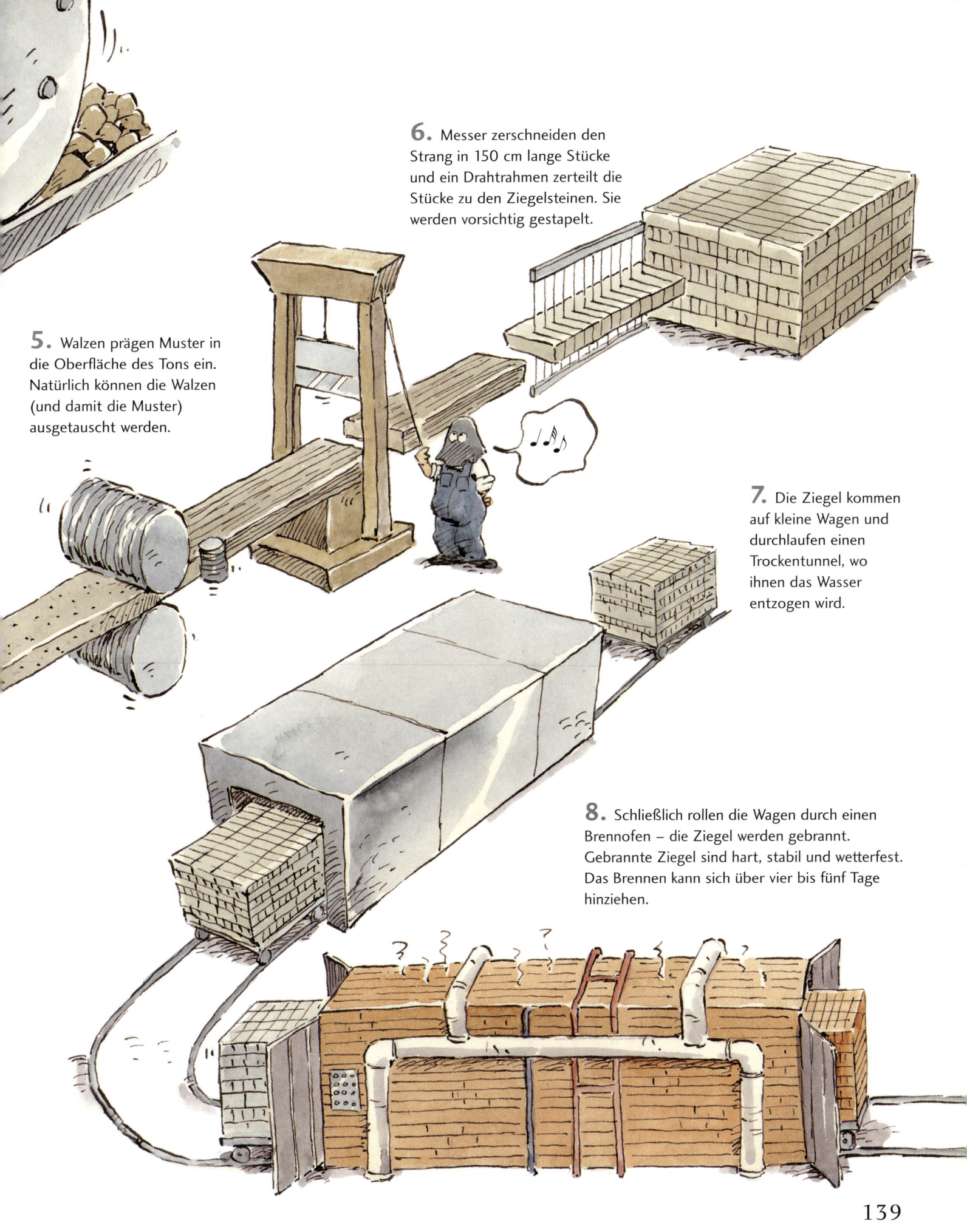

5. Walzen prägen Muster in die Oberfläche des Tons ein. Natürlich können die Walzen (und damit die Muster) ausgetauscht werden.

6. Messer zerschneiden den Strang in 150 cm lange Stücke und ein Drahtrahmen zerteilt die Stücke zu den Ziegelsteinen. Sie werden vorsichtig gestapelt.

7. Die Ziegel kommen auf kleine Wagen und durchlaufen einen Trockentunnel, wo ihnen das Wasser entzogen wird.

8. Schließlich rollen die Wagen durch einen Brennofen – die Ziegel werden gebrannt. Gebrannte Ziegel sind hart, stabil und wetterfest. Das Brennen kann sich über vier bis fünf Tage hinziehen.

Zement

In manchen Gangstergeschichten verpassen Mörder ihren Opfern Schuhe aus Zement – ganz sicher nicht zum Tanzen!

In der realen Welt begegnet uns Zement überall, zum Beispiel in Brücken und in vielen Gebäuden. Aus Zement werden Betonplatten gegossen und Mörtel wird daraus hergestellt. Zement wird als graues Pulver geliefert. Wenn man Wasser beimischt, wird er hart. Das geschieht im Rahmen einer chemischen Reaktion, nicht einfach nur durch Trocknen. Fester Zement lässt sich auch mit viel Wasser nicht mehr auflösen.

Die Römer vermischten Vulkanasche mit gebranntem Kalk und stellten daraus den besten Zement der Antike her. Später vergaßen die Menschen diese Technik – bis 1756. Damals erfand John Smeaton den Zement neu, als er den Leuchtturm von Eddystone bei Plymouth (England) baute. Heute werden jährlich Hunderte von Millionen Tonnen Zement hergestellt.

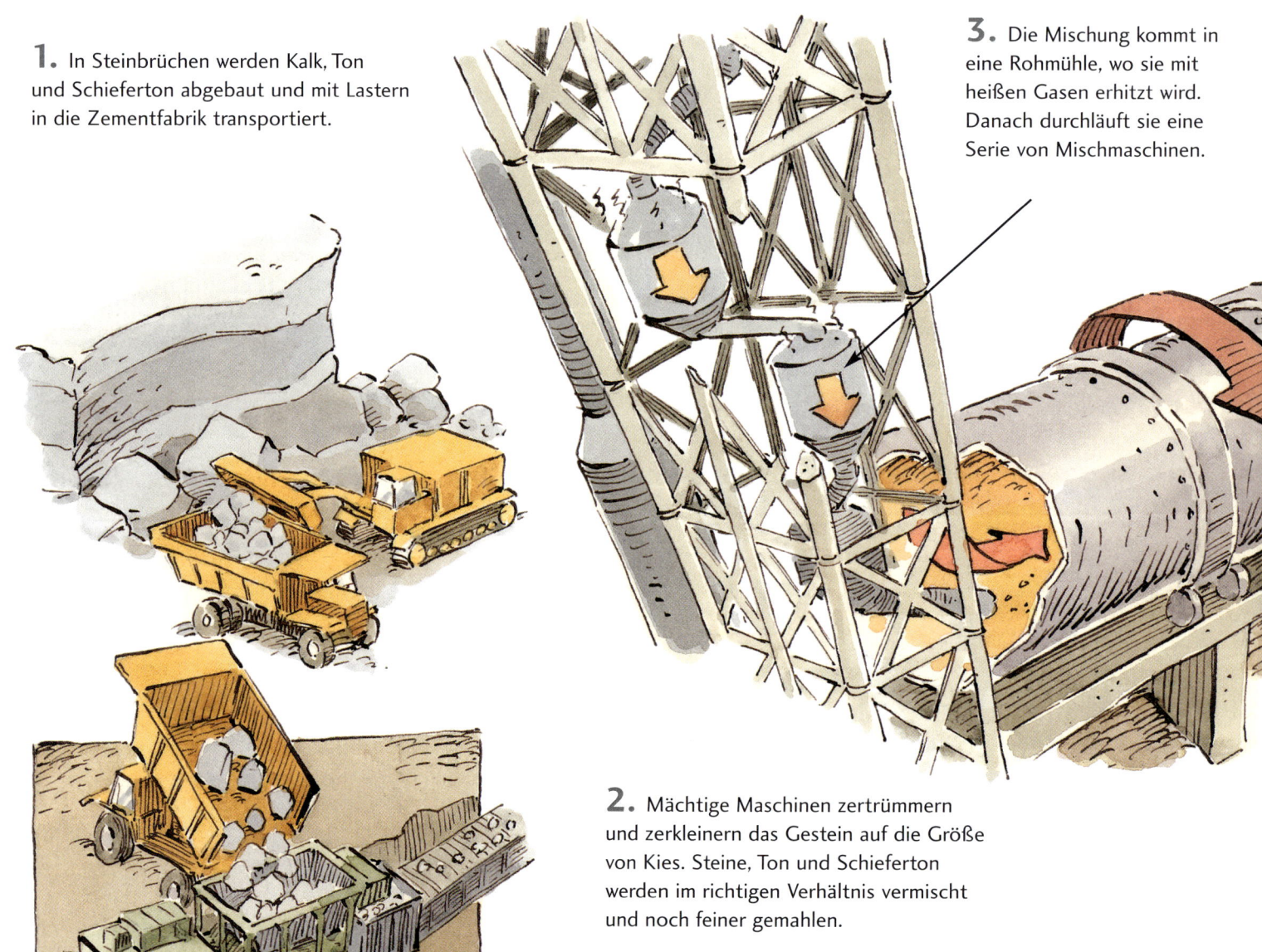

1. In Steinbrüchen werden Kalk, Ton und Schieferton abgebaut und mit Lastern in die Zementfabrik transportiert.

2. Mächtige Maschinen zertrümmern und zerkleinern das Gestein auf die Größe von Kies. Steine, Ton und Schieferton werden im richtigen Verhältnis vermischt und noch feiner gemahlen.

3. Die Mischung kommt in eine Rohmühle, wo sie mit heißen Gasen erhitzt wird. Danach durchläuft sie eine Serie von Mischmaschinen.

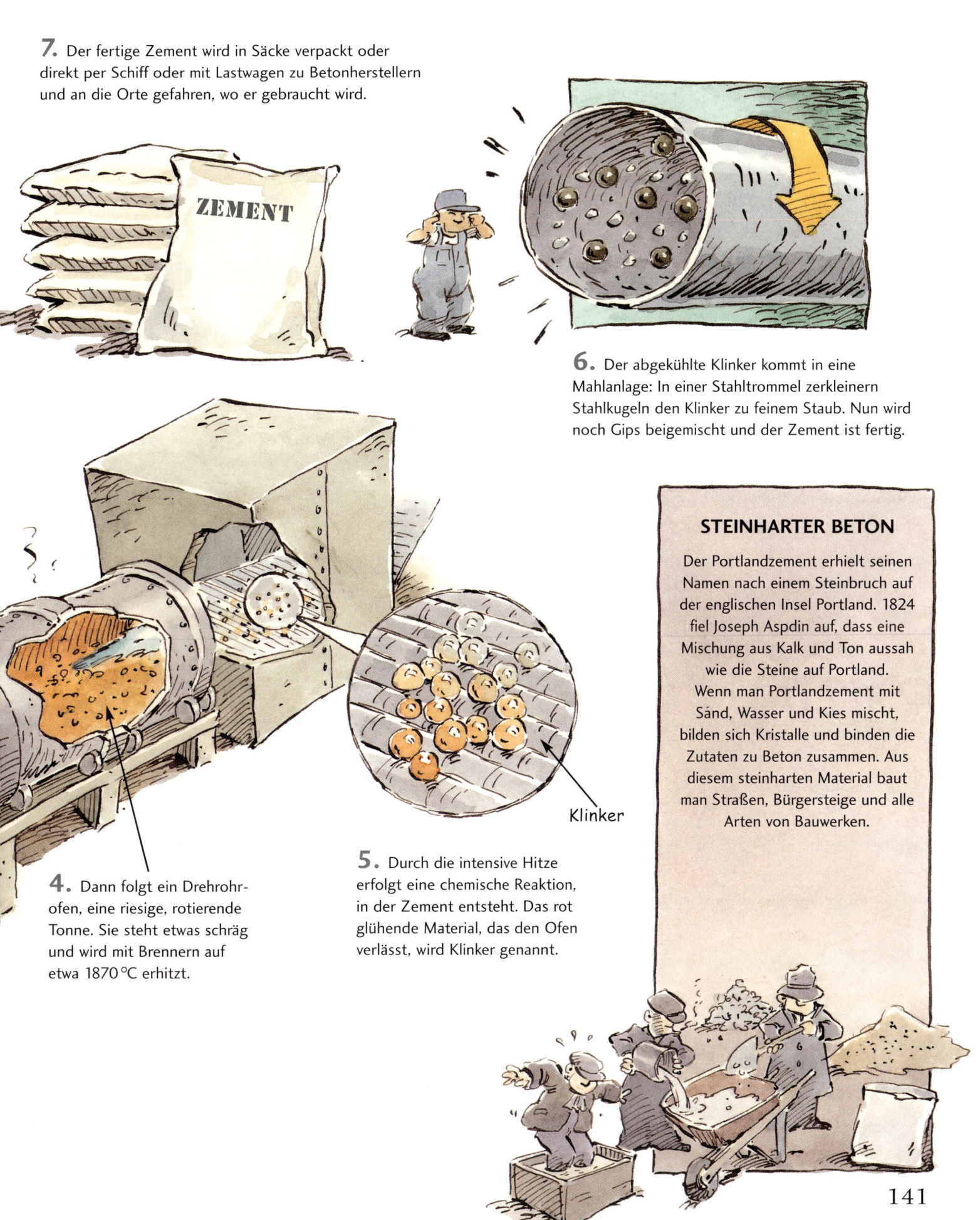

7. Der fertige Zement wird in Säcke verpackt oder direkt per Schiff oder mit Lastwagen zu Betonherstellern und an die Orte gefahren, wo er gebraucht wird.

ZEMENT

6. Der abgekühlte Klinker kommt in eine Mahlanlage: In einer Stahltrommel zerkleinern Stahlkugeln den Klinker zu feinem Staub. Nun wird noch Gips beigemischt und der Zement ist fertig.

STEINHARTER BETON

Der Portlandzement erhielt seinen Namen nach einem Steinbruch auf der englischen Insel Portland. 1824 fiel Joseph Aspdin auf, dass eine Mischung aus Kalk und Ton aussah wie die Steine auf Portland. Wenn man Portlandzement mit Sand, Wasser und Kies mischt, bilden sich Kristalle und binden die Zutaten zu Beton zusammen. Aus diesem steinharten Material baut man Straßen, Bürgersteige und alle Arten von Bauwerken.

Klinker

4. Dann folgt ein Drehrohrofen, eine riesige, rotierende Tonne. Sie steht etwas schräg und wird mit Brennern auf etwa 1870 °C erhitzt.

5. Durch die intensive Hitze erfolgt eine chemische Reaktion, in der Zement entsteht. Das rot glühende Material, das den Ofen verlässt, wird Klinker genannt.

Glas

Wenn du an Glas denkst, fallen dir vermutlich Fenster, Flaschen und Spiegel ein – Glas, das zerbricht, wenn es von einem Stein getroffen wird. Aber was ist mit kugelsicherem Glas, Fiberglas und Glasbausteinen? Die Spitze des Spaceshuttles ist mit Glaskeramik verkleidet und Glasfaserkabel transportieren Nachrichten mit unvorstellbarer Geschwindigkeit von Computer zu Computer auf der ganzen Welt.

Glas besteht im Prinzip aus Sand (Silikat) und etwas Kalk, Natriumkarbonat und einigen anderen Stoffen. Glas lässt sich vielfältig verformen: Es kann geblasen, gepresst, gezogen oder gegossen werden, je nachdem, wozu man es braucht. Hier wird gezeigt, wie Glasscheiben hergestellt werden; die Produktion läuft ohne Unterbrechungen Tag und Nacht weiter.

4. Das flüssige Glas schwimmt auf einer Schicht aus geschmolzenem Zinn. Zinn bildet eine völlig glatte Oberfläche für das Glas. Da Zinn schon bei niedrigeren Temperaturen schmilzt, kann das Glas erkalten und hart werden, wenn das Zinn noch flüssig bleibt.

Gerade richtig!

5. Am Ende des Zinnbades hat das Glas seine endgültige Dicke und Breite erreicht. Es ist jetzt auf 525 °C abgekühlt und läuft als endlose Glasscheibe vom Bad auf ein Fließband.

Zinn

FLÜSSIGE FLASCHEN?

Glas ist eigentlich eine extrem langsam fließende Flüssigkeit. Flaschen aus dem antiken Rom, die für Jahrhunderte unter Steinen begraben lagen, waren zwar nicht zerbrochen, aber zu flachen Scheiben zerflossen.

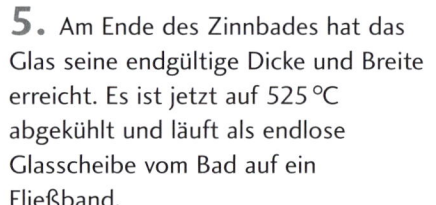

8. Schneidewerkzeuge aus Kohlenstoff ritzen das Glas ein; dann wird es in große Scheiben zerbrochen. Glasscheiben kommen erst in den Handel, nachdem sie sorgfältig auf Fehler untersucht wurden.

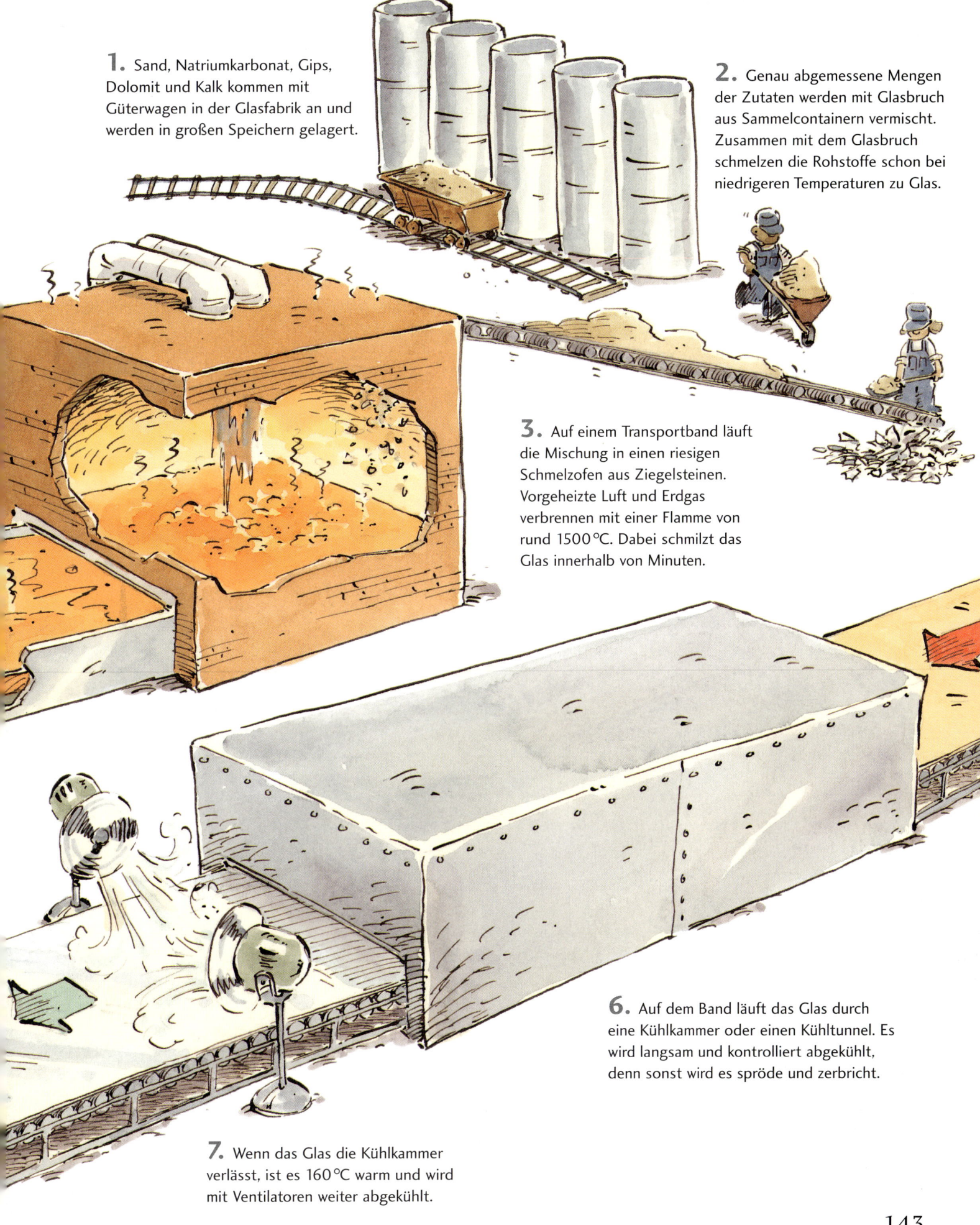

1. Sand, Natriumkarbonat, Gips, Dolomit und Kalk kommen mit Güterwagen in der Glasfabrik an und werden in großen Speichern gelagert.

2. Genau abgemessene Mengen der Zutaten werden mit Glasbruch aus Sammelcontainern vermischt. Zusammen mit dem Glasbruch schmelzen die Rohstoffe schon bei niedrigeren Temperaturen zu Glas.

3. Auf einem Transportband läuft die Mischung in einen riesigen Schmelzofen aus Ziegelsteinen. Vorgeheizte Luft und Erdgas verbrennen mit einer Flamme von rund 1500 °C. Dabei schmilzt das Glas innerhalb von Minuten.

6. Auf dem Band läuft das Glas durch eine Kühlkammer oder einen Kühltunnel. Es wird langsam und kontrolliert abgekühlt, denn sonst wird es spröde und zerbricht.

7. Wenn das Glas die Kühlkammer verlässt, ist es 160 °C warm und wird mit Ventilatoren weiter abgekühlt.

143

Eisen und Stahl

Es wäre doch schön, wenn alles, was man braucht, einfach vom Himmel fiele. Genau das passierte vor 6000 Jahren, als die Menschen herausfanden, dass Meteoriten reines Eisen enthielten. Aus Eisen konnten sie Werkzeuge und Waffen herstellen. Allerdings dauerte es bis 1000 v. Chr., bis die Menschen überall auf der Welt herausfanden, wie sie Eisen aus Gestein herauslösen und daraus komplizierte Gegenstände wie Rüstungen herstellen konnten.

Da reines Eisen leicht zerbrach, suchten sie nach stärkeren Metallen. Schließlich gelang es den Menschen der Eisenzeit, Eisen mit anderen Substanzen zu Legierungen zu vermischen. Das war der erste, wenn auch lange nicht der letzte Schritt zum Stahl. Man erfand bessere Legierungen und Methoden – bis heute. Heute wird Stahl meist in einem Sauerstoff-Verfahren gewonnen. Dabei werden Kohlenstoff und andere Verunreinigungen entfernt und das Eisen mit anderen Substanzen legiert.

2. Die Wagen kippen die Rohstoffe von oben in einen Hochofen.

1. Das Eisenerz wird zusammen mit Koks (Kohle ohne Teer und Gase) und Kalk in Wagen geladen.

3. Von unten wird aus riesigen Öfen heiße Luft eingeblasen: Der Koks verbrennt und das Eisen schmilzt.

Schlacke

4. Der Kalk verbindet sich mit den Verunreinigungen und sammelt sich in einer Schicht flüssiger Schlacke; die Schlacke läuft aus.

5. Am Boden des Hochofens sammelt sich das flüssige Eisen. Es fließt in einen heißen Wagen und wird zum Stahlofen (Aufblaskonverter) transportiert.

144

6. Die Konverter werden mit flüssigem Eisen und Schrott beladen. Durch ein Rohr strömt von oben reiner Sauerstoff hinein.

7. Der Sauerstoff vermischt sich mit dem Eisen und dem Schrott. Bei den hohen Temperaturen finden chemische Reaktionen statt, in denen sich Stahl bildet. Nun kommen »Flussmittel« wie Kalk hinzu, um die restlichen Verunreinigungen zu binden. Sie bilden Schlacke, die auf der Schmelze schwimmt.

8. Dann wird der Konverter gekippt, bis der flüssige Stahl durch ein Loch ausläuft. Erst wenn man ihn völlig umkippt, fließt auch die Schlacke aus.

9. Der flüssige Stahl wird in Formen (Kokillen) gegossen. Sie stehen auf Wagen, die auf Schienen laufen.

10. Wenn der Stahl hart ist, heben mächtige Zangen die Gussformen von den Rohblöcken ab. Die Rohblöcke laufen über einen Tiefofen, wo sie wieder auf 1200 °C erhitzt werden.

11. Im Walzwerk werden die heißen Barren zwischen Walzen zu Blöcken, Strängen oder Platten geformt. Sie werden zur Weiterverarbeitung an andere Fabriken geliefert.

Block

Knüppel

Bramme

145

Holz

1. Im Wald werden Bäume danach ausgesucht, ob sie gesund, gerade gewachsen und alt genug sind, dann kommen die Holzfäller mit der Motorsäge. Sie fällen den Baum, entfernen die Äste, sägen den Stamm in Stücke und laden sie auf Lastwagen.

Bäume sind die Riesen unter den Pflanzen – nicht nur wegen ihrer Größe. Ihre Blätter nehmen Kohlendioxid aus der Luft auf (giftig für Tiere und Menschen) und geben den Sauerstoff zum Atmen ab. Sie bieten im Sommer kühlen Schatten und sie zieren mit ihren Blättern und Blüten Gärten und Parks.
Wenn wir sie fällen, gewinnen wir aus den Baumstämmen die Holzbretter, aus denen wir Häuser, Möbel, Zäune und viele andere Dinge herstellen.

2. Im Sägewerk liegen die Stämme zunächst unter Wasser, bis ihre Rinde weich ist. Dann entfernt eine Maschine die Baumrinde.

?

Wo ist mein Baum?

4. Der Stamm rollt auf dem Wagen an einer Säge vorbei. Das Sägeblatt bewegt sich auf und ab und zerschneidet den Stamm in dicke Bretter.

3. Die großen Stämme werden auf einem Schienenwagen befestigt. Ein Computermessgerät bestimmt die Größe des Stamms und errechnet, wie er zersägt werden muss, damit so wenig Verschnitt wie möglich anfällt.

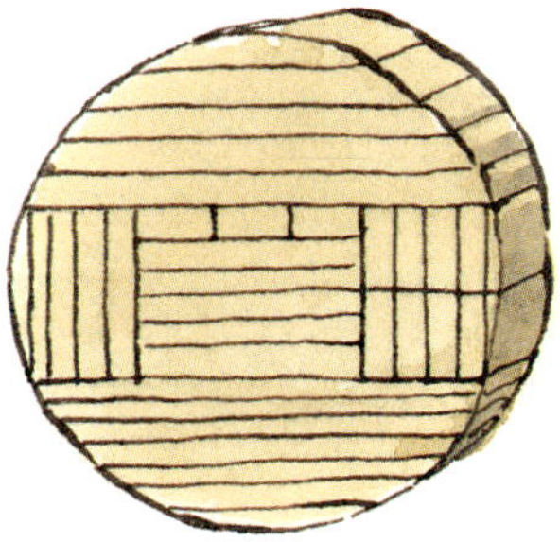

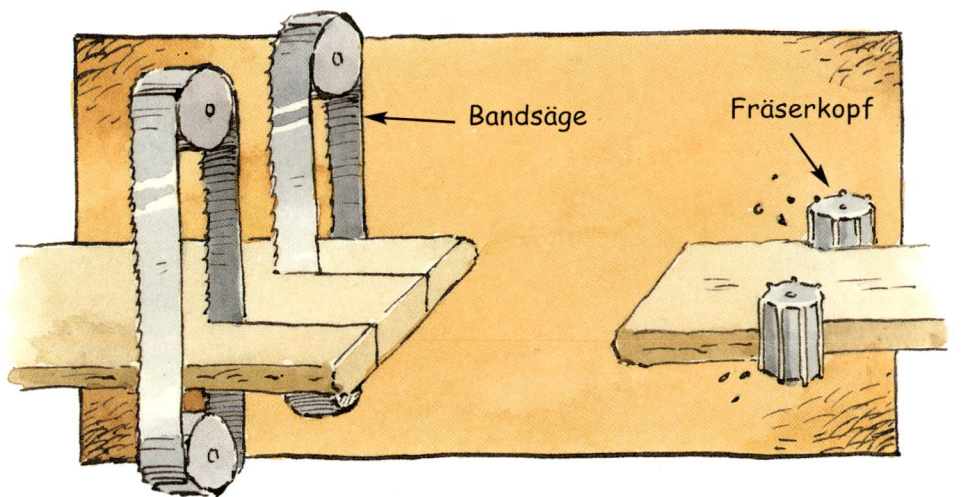

Bandsäge

Fräserkopf

5. Die dicken Bretter rollen weiter zu einer Bandsäge, die daraus Bretter in einer genormten Breite schneidet. Die Kanten der Bretter werden mit Fräserköpfen rechtwinklig zugeschnitten.

6. Kleinere Baumstämme kommen in den Profilspaner. Diese Maschine schneidet die Seiten mit rotierenden Messern glatt. Dann folgt eine Serie von Kreissägen, die daraus Bretter schneiden; sie werden von Spaltkeilen getrennt.

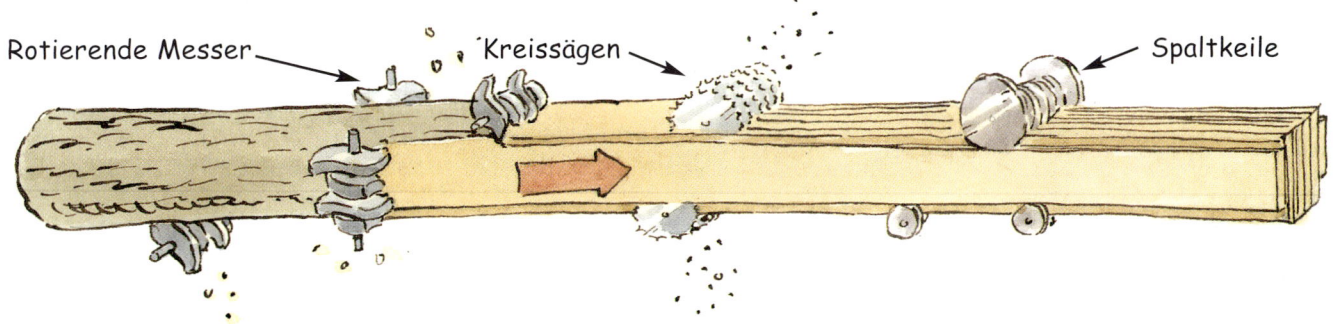

Rotierende Messer **Kreissägen** **Spaltkeile**

7. Andere Sägen schneiden die Bretter auf Normmaße zurecht. Die Bretter werden nach Größe und Qualität sortiert.

8. Wenn Holz trocknet, gibt es Feuchtigkeit ab und schrumpft. Zum Trocknen lagern die Bretter mit dazwischen gelegten Leisten auf großen Stapeln unter einer Überdachung. Sie trocknen noch schneller in einem geschlossenen Ofen.

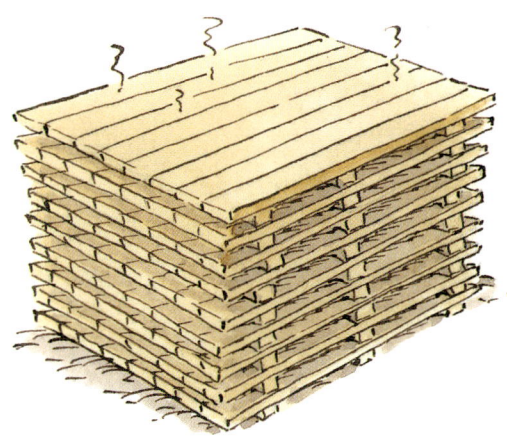

147

Papier

Wir malen darauf, schreiben darauf, brauchen es auf der Toilette und kleben es auf unsere Wände. Papier lässt sich falten, binden und zu Papierflugzeugen verarbeiten. Früher dachte man, Computer wären das Ende des Papiers, aber inzwischen verbrauchen Drucker mehr Papier als je zuvor. Woher kommt das Papier? Wenn du ein normales Stück Papier zerreißt, fallen dir vielleicht die winzigen, haar-artigen Flusen an der Rissstelle auf. Das ist Zellulose, ein Stoff, der in den Zellwänden von Bäumen enthalten ist. Für die Papierherstellung braucht man sehr viel Holz. Und so wird es gemacht:

3. In einem Bottich werden die Schnipsel »verdaut«: Chemikalien lösen den Holzstoff (Lignin) auf; übrig bleibt ein Brei aus Zellulosefasern für »holzfreies« Papier. Das Zeitungspapier hat schlechtere Qualität, es besteht aus unbehandelten Holzfasern.

Rülps!

1. Wenn die Baumstämme in der Papierfabrik ankommen, entfernt eine rotierende Trommel die Rinde.

PAPIER AUS LUMPEN

Das älteste Papier, das wir kennen, wurde 150 n. Chr. in China aus alten Leinen- oder Baumwollresten hergestellt. Solches Papier aus Stofffasern ist sehr haltbar, weil es nur wenig Säure enthält.

2. Eine andere Maschine zerteilt die Stämme mit rotierenden Messern in kleine Schnipsel.

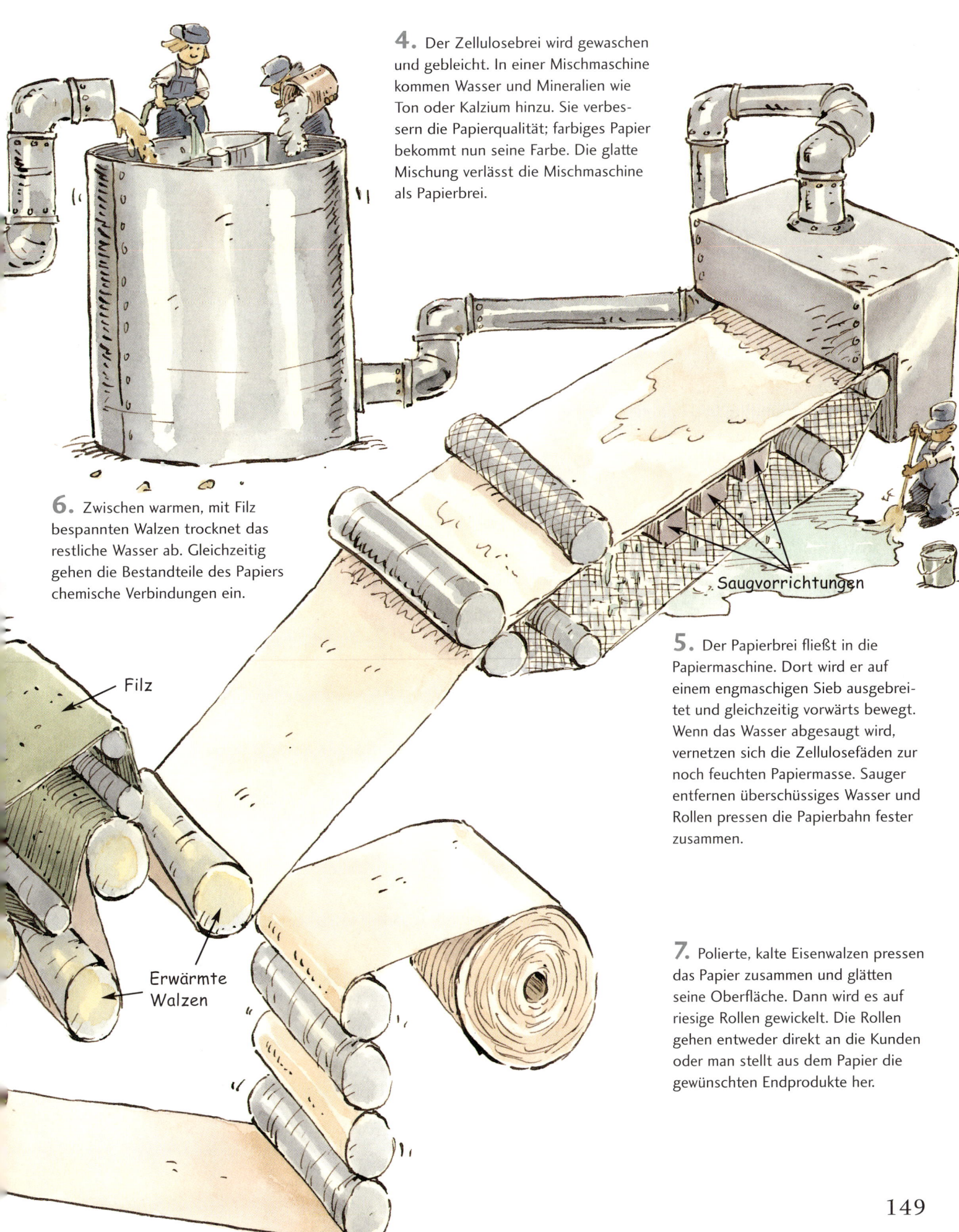

4. Der Zellulosebrei wird gewaschen und gebleicht. In einer Mischmaschine kommen Wasser und Mineralien wie Ton oder Kalzium hinzu. Sie verbessern die Papierqualität; farbiges Papier bekommt nun seine Farbe. Die glatte Mischung verlässt die Mischmaschine als Papierbrei.

6. Zwischen warmen, mit Filz bespannten Walzen trocknet das restliche Wasser ab. Gleichzeitig gehen die Bestandteile des Papiers chemische Verbindungen ein.

Saugvorrichtungen

5. Der Papierbrei fließt in die Papiermaschine. Dort wird er auf einem engmaschigen Sieb ausgebreitet und gleichzeitig vorwärts bewegt. Wenn das Wasser abgesaugt wird, vernetzen sich die Zellulosefäden zur noch feuchten Papiermasse. Sauger entfernen überschüssiges Wasser und Rollen pressen die Papierbahn fester zusammen.

Filz

Erwärmte Walzen

7. Polierte, kalte Eisenwalzen pressen das Papier zusammen und glätten seine Oberfläche. Dann wird es auf riesige Rollen gewickelt. Die Rollen gehen entweder direkt an die Kunden oder man stellt aus dem Papier die gewünschten Endprodukte her.

Erdöl

Womit heizt ihr euer Haus und womit fährt euer Auto? Wusstest du, dass sogar manche deiner Kleidungsstücke und Spielzeuge aus dem zähen, schwarzen Stoff stammen, den man aus der Erde pumpt?
Man kannte diese Brühe, die in natürlichen Quellen an manchen Stellen aus der Erde dringt, schon seit langem, hielt sie aber für nicht besonders nützlich. Heute ist Erdöl der kostbarste Rohstoff auf der Erde. Obwohl Öl vor allem zu Benzin verarbeitet wird, bildet es den Rohstoff für zahlreiche andere Produkte – von Plastik bis Kerzenwachs.

1. Vor rund 300 Millionen Jahren setzten sich winzige tote Tiere und Pflanzen auf dem Grund von flachen Meeren in immer dickeren Schichten ab. Da kein Sauerstoff vorhanden war, zersetzten sie sich nicht.

2. Im Laufe der Zeit lagerten sich mächtige Sandschichten auf diesen Resten ab. Der Druck (das Gewicht der Sandschichten) und die Wärme aus der Erde verwandelten die Masse in Erdgas und schwarzes, klebriges Erdöl.

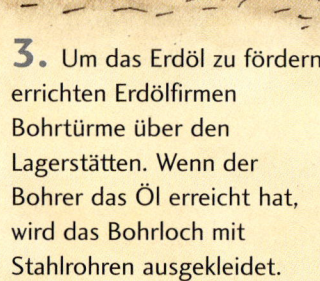

3. Um das Erdöl zu fördern, errichten Erdölfirmen Bohrtürme über den Lagerstätten. Wenn der Bohrer das Öl erreicht hat, wird das Bohrloch mit Stahlrohren ausgekleidet.

4. In der ersten Zeit befördert der Druck des Erdgases das Öl von allein an die Oberfläche. Wenn der Druck nachlässt, braucht man Pumpen um das Erdöl nach oben zu pumpen.

5. Das Gas wird abgetrennt und in großen Tanks setzen sich Sand, Wasser und das restliche Gas von dem Rohöl ab. Nur das Rohöl wird abgepumpt und fließt durch Pipelines zu den Raffinerien.

6. In der Raffinerie durchläuft das erhitzte Rohöl einen Fraktionierturm aus rostfreiem Stahl: Der Öldampf steigt in dem Turm auf. In den einzelnen Etagen werden jeweils andere Bestandteile des Öls (Fraktionen) flüssig und fließen aus dem Turm.

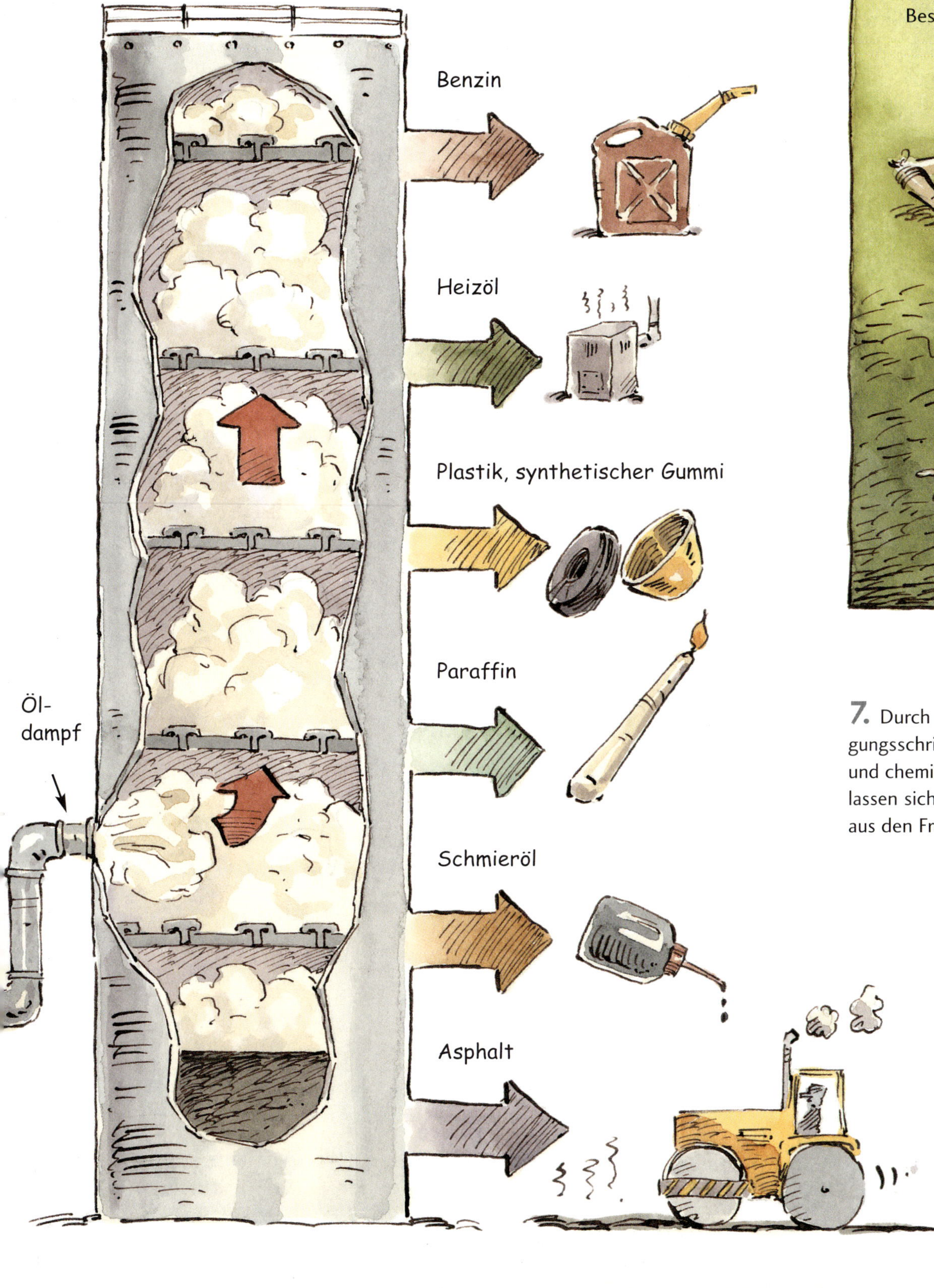
Benzin
Heizöl
Plastik, synthetischer Gummi
Paraffin
Öl-
dampf
Schmieröl
Asphalt

ALTES ÖL

Vor über 3000 Jahren sammelten die Chinesen das Gas aus oberirdischen Quellen, leiteten es durch Bambusrohre und benutzten es als Brennstoff. Vor rund 2000 Jahren wussten die Araber bereits, wie man Rohöl erhitzt um seine einzelnen Bestandteile zu gewinnen.

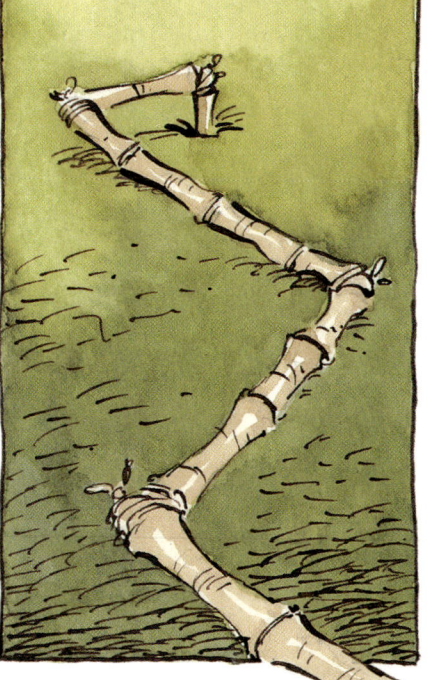

7. Durch zusätzliche Reinigungsschritte, Umwandlungen und chemische Reaktionen lassen sich zahlreiche Produkte aus den Fraktionen herstellen.

Kunststoff

Wir leben in einer Welt aus Kunststoffen (Plastik). Kunststoff ist in Autos und Maschinen, in Spielzeugen, Bussitzen und Knöpfen enthalten. Es gibt aber nicht nur Tausende von Plastik- und Kunststoffprodukten, sondern auch ganz verschiedene Arten von Kunststoff.

Ein wichtiger Kunststoff ist das Polyethylen, das uns in Hunderten von Produkten des Alltags begegnet, z. B. als Flaschen, Spielzeuge und Müllbeutel. Ausgangsmaterial für all diese Dinge sind kleine Kunststoffkügelchen!

1. Kunststoff stellt man aus Erdöl her. In den Fraktioniertürmen der Raffinerien wird es in seine Fraktionen aufgespalten, darunter auch in Naphtha (siehe Erdöl, Seite 150).

4. In einem Polymerisations-Reaktor reagieren die Ethylen-Moleküle bei großer Hitze und unter Druck miteinander. Sie bilden Polymere, das sind lange Ketten aus Ethylen. Das Polyethylen setzt sich am Boden des Tanks in einem zähen Bodensatz ab. Jede Kette besteht aus über 1000 Ethylen-Molekülen.

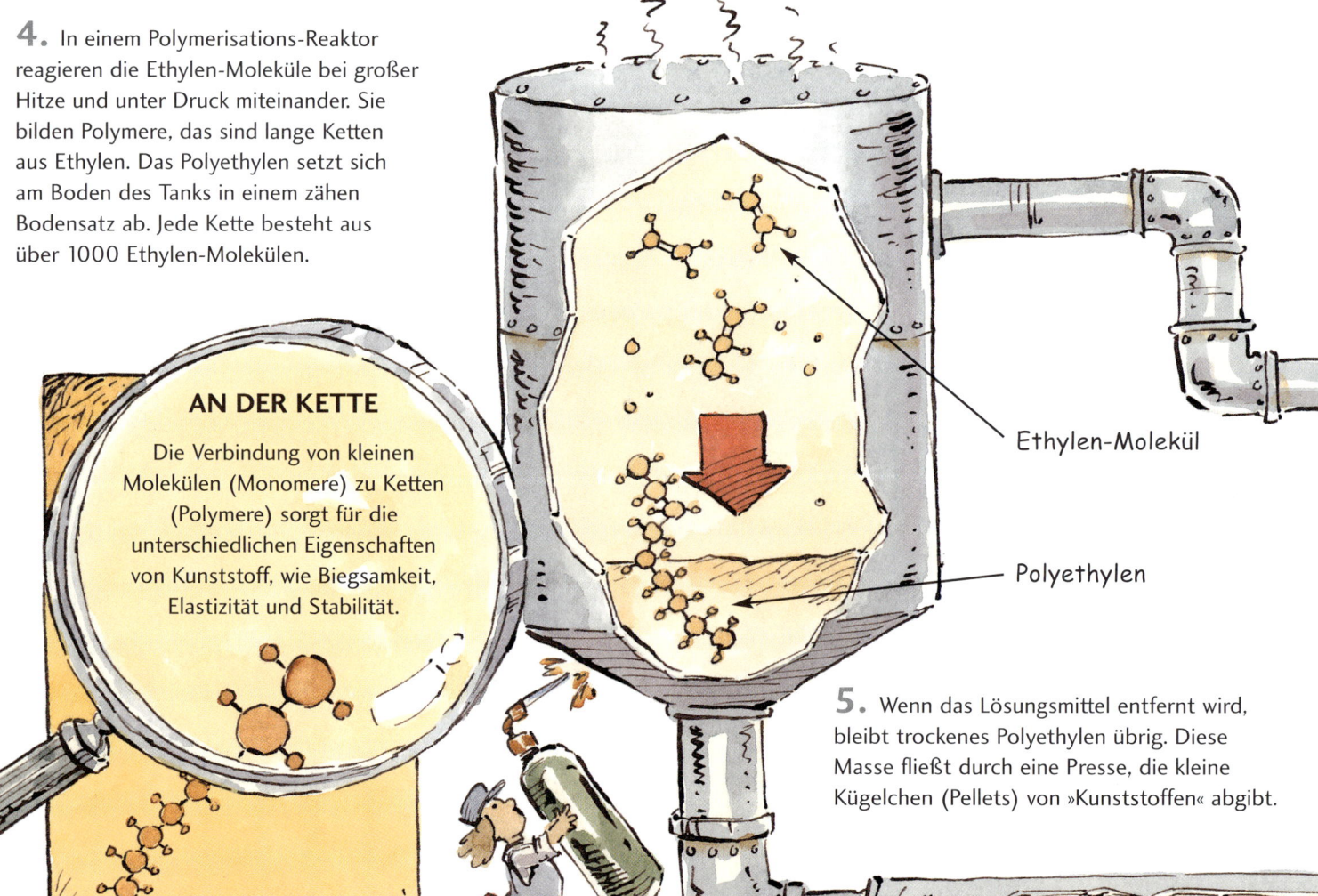

AN DER KETTE

Die Verbindung von kleinen Molekülen (Monomere) zu Ketten (Polymere) sorgt für die unterschiedlichen Eigenschaften von Kunststoff, wie Biegsamkeit, Elastizität und Stabilität.

Ethylen-Molekül

Polyethylen

5. Wenn das Lösungsmittel entfernt wird, bleibt trockenes Polyethylen übrig. Diese Masse fließt durch eine Presse, die kleine Kügelchen (Pellets) von »Kunststoffen« abgibt.

152

2. Naphtha wird mit Dampf gemischt, sehr hoch erhitzt und sofort abgekühlt. In diesem »Cracken« genannten Verfahren entsteht das Ethylen.

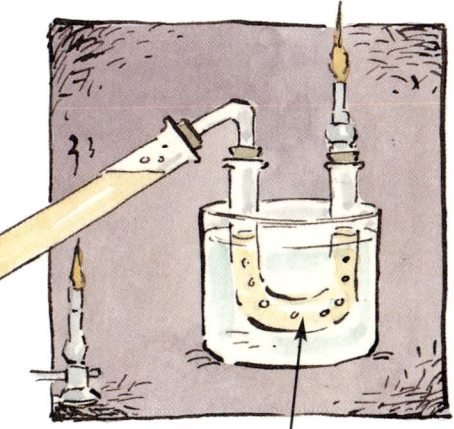

Ethylen

3. In einem Tank löst sich Ethylen in einem Lösungsmittel auf; hinzu kommt ein Katalysator (eine Chemikalie, die eine chemische Reaktion unterstützt).

6. Man verpackt die Kügelchen in Säcke – sie bilden den Rohstoff für die Kunststofffabriken.

VOM PELLET ZUM PRODUKT

Hier findest du fünf Techniken, wie Kunststoffteile hergestellt werden:

Spritzguss: Flüssiger Kunststoff fließt unter Druck in eine Form. Sobald das Plastikteil hart ist, öffnet sich die Form und ist bereit für die nächste Füllung. Das ist die häufigste Methode.

Formguss: Der flüssige Kunststoff wird in eine Form gegossen und bildet ein kompaktes Teil.

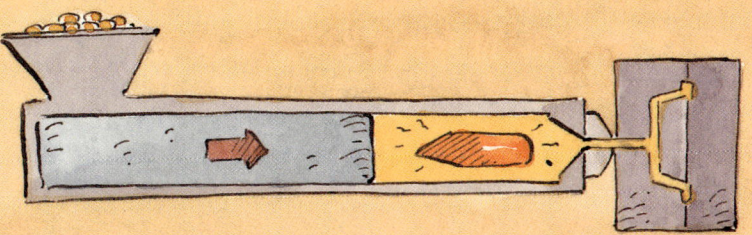

Formblasen: Eine Düse spritzt den flüssigen Kunststoff in eine Form. Er bildet eine Schicht auf der Wand und wird hart.

Pressformen: Der Kunststoff in einer Form wird durch Hitze und Druck verformt. Mit dieser Technik werden z. B. Topfgriffe oder Teile für Automotoren hergestellt (hitzeresistenter Kunststoff).

Strangpressen: Die geschmolzenen Pellets kommen in eine heiße Röhre und werden mit Hilfe einer Schraube durch eine Düse ausgepresst. So stellt man Springseile oder Gartenschläuche her.

Recyceln

Die Menschen haben erst in den letzten Jahrzehnten damit begonnen, ihre Abfälle zu verwerten. Früher verrotteten die Reste und verwandelten sich wieder zu Erde. Andere Produkte wurden verbrannt, und was übrig blieb, landete auf dem Müllplatz. Doch die Weltbevölkerung nimmt immer weiter zu, während die Ressourcen der Erde abnehmen – Müllkippen und Verbrennungsanlagen sind keine Lösung. Wenn wir Papier, Plastik, Glas und Metall recyceln, sparen wir Energie und verringern die Verschmutzung von Erde, Wasser und Luft. Außerdem schonen wir so die Rohstoffe der Erde. Heute trennen wir den Müll zu Hause, lagern ihn in Tonnen oder bringen z. B. Glas, Plastik und Papier zum Sammelcontainer. Aber wohin fahren die Müllwagen, die den Hausmüll abholen und die Container leeren?

DER STAND DER DINGE

✔ Wenn Aluminium aus Müll hergestellt wird, sparen wir 96 % der Energie im Vergleich zur Aluminiumgewinnung aus Bauxit.

✔ Stahl aus Schrott spart 75 % Energie.

✔ Papier aus Altpapier spart 20 % Energie im Vergleich zum Holz als Rohstoff.

✔ Glas aus Altglas spart 30 % Energie.

✔ Neue Plastikteile aus alten zu machen, verbraucht zwar mehr Energie, aber Plastik verrottet nicht auf Müllkippen und die Ölvorräte sind begrenzt.

1. Die Müllabfuhr fährt den Inhalt der Sammeltonnen (Papier, Pappe, Glas), den Hausmüll und den »Grünen-Punkt-Müll« (Plastik, Metalle) getrennt ab und bringt ihn zu Sammelstellen, in denen die Grundstoffe sortiert werden.

Papier

Plastik, Metall, Glas

7. Die Plastikschnipsel werden gesäubert, getrocknet, geschmolzen und zu Pellets gepresst. Daraus lassen sich neue Produkte herstellen, z. B. Mülltonnen.

6. Plastikteile (siehe Kunststoff, Seite 152) werden nach Art des Kunststoffes sortiert, zusammengepresst und zu Ballen geformt. In der Fabrik zerkleinert man sie in kleine Schnipsel.

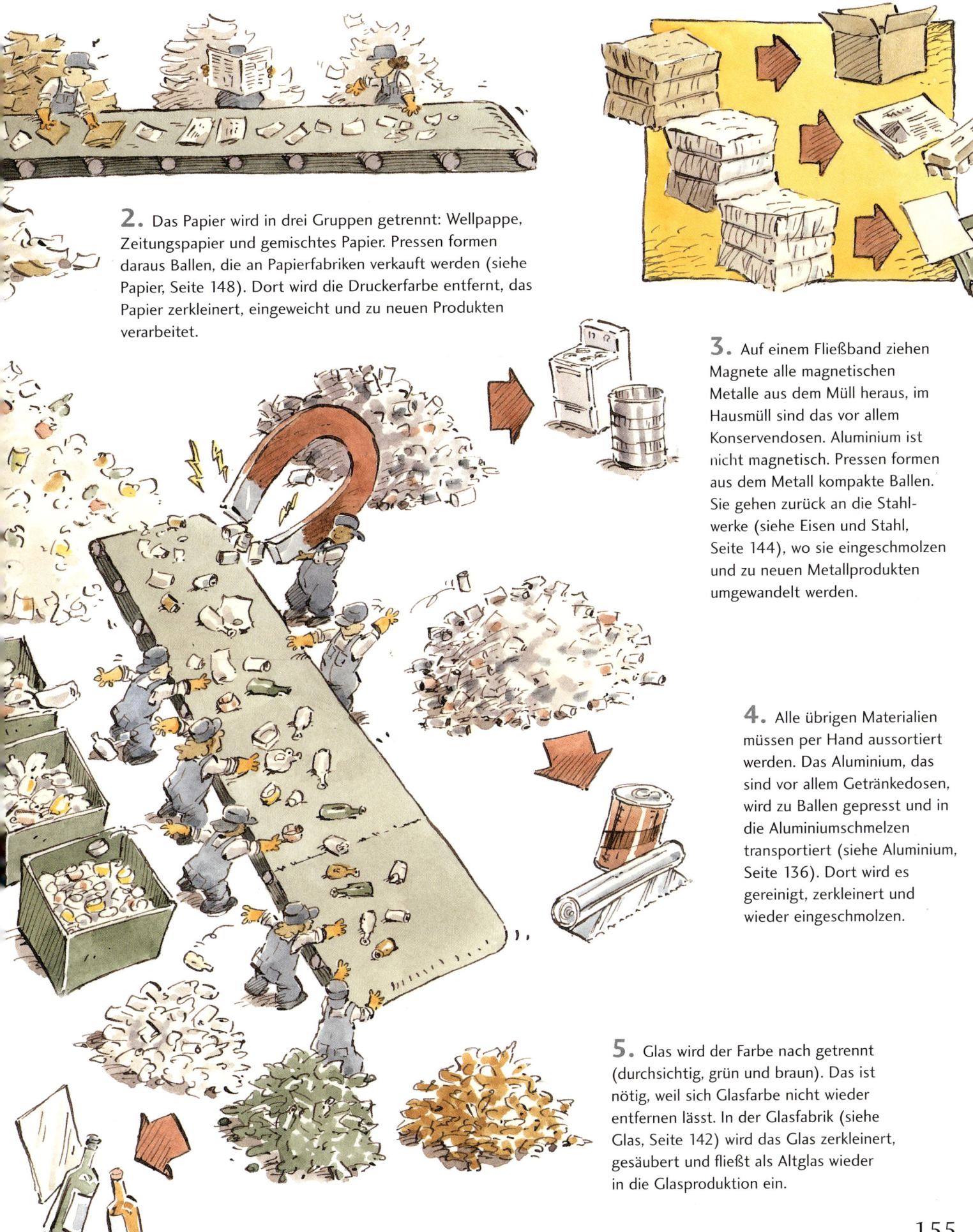

2. Das Papier wird in drei Gruppen getrennt: Wellpappe, Zeitungspapier und gemischtes Papier. Pressen formen daraus Ballen, die an Papierfabriken verkauft werden (siehe Papier, Seite 148). Dort wird die Druckerfarbe entfernt, das Papier zerkleinert, eingeweicht und zu neuen Produkten verarbeitet.

3. Auf einem Fließband ziehen Magnete alle magnetischen Metalle aus dem Müll heraus, im Hausmüll sind das vor allem Konservendosen. Aluminium ist nicht magnetisch. Pressen formen aus dem Metall kompakte Ballen. Sie gehen zurück an die Stahlwerke (siehe Eisen und Stahl, Seite 144), wo sie eingeschmolzen und zu neuen Metallprodukten umgewandelt werden.

4. Alle übrigen Materialien müssen per Hand aussortiert werden. Das Aluminium, das sind vor allem Getränkedosen, wird zu Ballen gepresst und in die Aluminiumschmelzen transportiert (siehe Aluminium, Seite 136). Dort wird es gereinigt, zerkleinert und wieder eingeschmolzen.

5. Glas wird der Farbe nach getrennt (durchsichtig, grün und braun). Das ist nötig, weil sich Glasfarbe nicht wieder entfernen lässt. In der Glasfabrik (siehe Glas, Seite 142) wird das Glas zerkleinert, gesäubert und fließt als Altglas wieder in die Glasproduktion ein.

Gummi

Was isoliert gegen starke Stromspannungen? Was kann strömenden Regen aushalten? Was kann hochspringen wie ein Haus?
Hüpfender, dehnbarer, wasserdichter Gummi!
Die Europäer kennen Gummi, seit sie die Neue Welt entdeckten. Sie sahen, dass die Einwohner von Mittel- und Südamerika mit harten Gummibällen spielten und sich Latex (den weißen, milchigen Saft des Kautschukbaumes) über die Füße gossen um Gummischuhe zu machen. So etwas hatten sie zu Hause niemals gesehen. Die Bewohner von Südamerika nannten den Kautschukbaum *cahuchu*, d.h. »weinender Baum«. Der weiße Latex, der aus den Wunden des Baumes tropft, erinnerte sie an Tränen. Gummi ist heute in Tausenden von Produkten enthalten, einige davon hast du in diesem Buch schon kennen gelernt.

1. Alles beginnt mit einem Kautschukbaum. Kautschuksammler schneiden seine Rinde an. Latex tritt aus und sammelt sich in Töpfen. Sie müssen alle drei Stunden geleert werden.

2. Der Latex kommt in einen großen Sammeltank und wird mit derselben Menge Wasser vermischt. Reste von Rinde und Zweigen werden ausgesiebt.

3. Man gibt Ameisensäure dazu, damit sich der gelöste Latex zu festen Klümpchen ballt. Die Klümpchen steigen auf und bilden eine dicke, teigartige, weiße Schicht aus Rohgummi.

4. Der Rohgummi läuft durch mehrere Rollenpressen. Das Restwasser wird ausgequetscht und der Gummi zu dünnen Platten gepresst.

5. In einem Trockenhaus hängen die Platten mehrere Tage lang zum Trocknen aus. Dann verpackt man sie in Ballen und schickt sie an Fabriken, wo daraus Reifen, Schuhe, Schaumgummi, Spielzeuge, Wasserflaschen, Schläuche, Farben, Bälle und, und, und ... hergestellt werden.

UND HEUTE ...

So wurde Gummi früher hergestellt. Heute stammen aber zwei Drittel des Gummis nicht mehr aus Kautschuk, sondern aus Fabriken. Synthetischer Gummi wurde in den beiden Weltkriegen erfunden, als die Firmen keinen Zugang zum natürlichen Gummi hatten. Einige der synthetischen Produkte ersetzten den Naturgummi, aus anderen wurden ganz neue Produkte entwickelt, wie Matratzen oder Flugzeugteile.

Künstlicher Gummi stammt hauptsächlich aus zwei Grundstoffen (siehe Erdöl, Seite 150): Butadien (Isopren) und Styrol. Sie werden vermischt und mit einem Katalysator versetzt (er macht die chemische Reaktion möglich). In einem zweiten Tank kommen Antioxidantien dazu (sie verhindern, dass sich der Gummi an der Luft zu rasch auflöst). In einem dritten Tank werden Salze beigemischt und der synthetische Gummi bildet Klumpen, die in dem Tank aufsteigen. Dann geht es weiter wie in Schritt 4 und 5 oben.

FEUER UND SCHWEFEL

Die ersten Gummiprodukte wurden bei Hitze klebrig und bei Kälte brüchig. Im Jahre 1839 verschüttete der Amerikaner Charles Goodyear zufällig eine Gummi-Schwefel-Mischung auf seinem Ofen und erfand das Vulkanisieren (so genannt nach Vulkan, dem römischen Gott des Feuers). Wird Gummi erhitzt und mit Schwefel vermischt, wird er fest, bleibt aber bei jeder Temperatur biegsam.

Worterklärungen

Atom

Die kleinste Einheit eines chemischen Stoffes (Elementes).

Bakterien

Winzige Organismen, die nur aus einer einzigen *Zelle* bestehen. Sie sind so klein, dass du sie nur in einem Mikroskop sehen kannst.

Barren

Metallblöcke, die aus einer Gussform stammen. Sie lassen sich leicht stapeln und transportieren.

Brennofen

Großer Ofen, in dem fertige, aber noch weiche Produkte wie Ziegelsteine oder Geschirr unter großer Hitze hart gebrannt werden.

Chemische Reaktion

Veränderung einer chemischen Substanz zu einem neuen Stoff. Ein gutes Beispiel ist unsere Verdauung. Der Körper baut die Nahrungsstoffe in chemischen Reaktionen zu kleinen Einheiten ab und formt daraus Körperbausteine.

Düse

Eine meist aus Metall geformte Hohlform, um weichem Material eine Form zu geben. Das Material wird unter Druck durch die Düse gepresst und nimmt dabei die Form der Düse an. Sehr dünne Spinndüsen erzeugen Fäden, dickere Düsen z.B. Nudeln oder Plastikstränge. Auch das Zieheisen bei der Drahtherstellung ist eine Düse.

Elektrolyse

Elektrischer Strom wird durch eine spezielle Flüssigkeit (Elektrolyt) geleitet und verändert dabei die Eigenschaften der *Lösung*.

Enzym

Von lebenden *Zellen* gebildete, lebensnotwendige Stoffe. Enzyme wirken wie ein *Katalysator*; sie helfen dabei, Stoffe zu verändern.

Gärung

Abbau von organischen Stoffen in einfachere Verbindungen. Wenn Hefepilze Traubensaft vergären, entsteht Alkohol (Wein) und Kohlendioxid.

Galvanisieren

Durch *Elektrolyse* mit einem Metall überziehen.

Homogenisieren

Vorgang, bei dem nicht mischbare Bestandteile einer Flüssigkeit, zum Beispiel Fett und Wasser, durch Zerkleinerung gleichmäßig verteilt werden.

Katalysator

Substanz, die es erst möglich macht, dass zwei Stoffe miteinander eine *chemische Reaktion* eingehen. Bei der Reaktion wird der Katalysator nicht verändert.

Legierung

Eine Verbindung verschiedener Metalle oder von Metallen mit anderen Stoffen. So ist Stahl eine Legierung aus Eisen, Kohlenstoff (kein Metall) und Metallen wie Nickel und Mangan.

Lösung

Wenn feste Stoffe in ein Lösungsmittel gegeben werden, verlieren sie ihren festen Zustand und werden flüssig. Zucker, der in einer heißen Flüssigkeit umgerührt wird, löst sich auf – er wird zur Zuckerlösung.

Molekül

Eine miteinander verbundene Gruppe von Atomen. Ein Salzmolekül besteht beispielsweise aus einem Atom Natrium und einem Atom Chlor.

Organismus

Ein einzelnes Lebewesen; organische Substanzen stammen von Lebewesen.

Pasteurisieren

Hitzebehandlung von Lebensmitteln wie Milch oder Käse; dabei werden schädliche Bakterien abgetötet.

Schlamm

Schlamm ist eine Mischung von Teilchen in einer Flüssigkeit. Die Teilchen gehen nicht in *Lösung*, sondern bleiben fest. Chemiker nennen das eine Suspension.

Stanzen

Eine Maschine drückt eine Form mit scharfen Kanten durch einen Rohstoff. Einzelteile für Handschuhe, aber auch Metallteile werden auf diese Weise gestanzt.

Synthetisch

Eine künstlich hergestellte Verbindung wie z.B. Plastik. Synthetische Materialien existieren in dieser Form nicht in der Natur.

Vakuum

Ein Raum, aus dem die Luft ausgepumpt wurde.

Vulkanisieren

Verfahren, bei dem Naturkautschuk zu Gummi umgewandelt wird. Durch das Vulkanisieren können Gummiteile miteinander verbunden werden.

Zelle

Die kleinste Einheit eines Lebewesens; manche Lebewesen bestehen nur aus einer einzigen Zelle. Zellen können sich selbst heilen oder teilen. Jede Zelle ist von ihrem Nachbarn durch eine Hülle (Zellmembran) abgetrennt.

Zellulose

Der wichtigste Baustein von pflanzlichen Zellwänden. Aus Zellulose werden Papier, Viskose und andere Produkte hergestellt.

Zentrifuge

Schleudergerät zur Trennung von flüssigen Stoffgemischen. Mit Hilfe von Zentrifugen wird zum Beispiel die Sahne von der Milch getrennt.

Wenn du mehr wissen willst

Im Internet kannst du dich über viele Dinge, die in diesem Buch beschrieben sind, noch gründlicher informieren. Wenn du ein gesuchtes Stichwort eingibst, leiten dich Suchmaschinen zu vielen interessanten Websites weiter. Eine spezielle Suchmaschine für Kinder findest du unter der Adresse www.blinde-kuh.de.

Auf der Seite http://www.wdrmaus.de/sachgeschichten werden anschaulich viele Rätsel des Alltags erklärt. Sehr nützlich ist auch das Inernet-Nachschlagewerk Wikipedia (www.wikipedia.de).

Danksagungen

Dieses Buch wäre nicht entstanden, hätten mir nicht viele Menschen mit ihrem Rat und Wissen geholfen. Im Anfangsstadium hat mich Sue Dyment unterstützt; sie hat hart gearbeitet und vieles herausbekommen, was ich benutzen konnte. Vieles stammt auch von Jim Slavin, der große Teile des Originalmanuskriptes verfasste. Ich möchte auch Val Wyatt danken, der Initiatorin und ersten Lektorin dieses Projektes. Danach übernahm Kathy Vanderlinden diese Aufgabe; sie hat mit Jim und mir bis zur Vollendung des Projektes zusammengearbeitet. Schließlich möchte ich meiner Partnerin Esperança Melo danken; von ihr stammt der Aufbau der Seiten und sie war stets bereit, meine Änderungswünsche umzusetzen.

Viele Menschen und Firmen haben mir dabei geholfen, den Ablauf der Produktionsprozesse zu begreifen. Dafür danke ich vor allem Don Maynard und Dean Spence, die diese Art von Dingen viel besser verstehen, als ich es jemals tun werde. Sie haben sich immer die Zeit genommen, meine Fragen zu beantworten.

Stichwortverzeichnis